假装浪漫

沈睿 著

一个女人的成长史以及她看世界的方式

文匯出版社

初版评论

《假装浪漫》的书名并不表示这本书与小资情调有多少瓜葛,它展示的是一个学者及女权主义者的生活沉思和社会观察。作者一直写作博客,并称博客就是她的日记,这意味着她的写作总是基于日常生活,并通过日常生活将内在的自我,将生命的经验和外部的世界相融通。在这种写作中,文字风格与生活态度是合一的,其特质包括:自信、热情、从容、敏感、毫无包袱的坦诚、偶尔的天真,以及非常非常重要的幽默感。

…………《女声》

2009年出版的新书很多,在我有限的阅读里,给我留下了较深的印象,沈睿是其中之一。她在报纸专栏和博客上的随笔粉丝不少,早就应当结集成书。果然，文汇出版社编辑相中了她的部分文字，编成了一本《假装浪漫》，内容主要是她对性别问题的思考和感悟，用她的话说，比较"风月"。其实，她在政治、历史、社会、环境、教育等领域也写了很有品味的随笔。

············丁东（历史学家）

我最喜欢看她写情感的那些文字，真情的流露让我们看到生活鲜活和美丽的一面。她说她的文字太真情流露，可正是这一点打动了读者。人是情感的动物，人与人之间最捷径的距离是情感沟通。真情的文字总能打动人心。沈睿是个单纯的人，单纯到相信世间一切美好，单纯到从不懂得保护自己，可是袒露胸襟不正是作家的一种情怀？不正是作家奉献给我们的忠诚？不正是作家与读者紧紧联系的魂？我们记得几百年，甚至几千年前的一个作家，除了他的思想外，难道不正是因为他曾经奉献给我们的赤子之心吗？

············张红萍（中国艺术研究院研究员）

沈睿的新书《假装浪漫》是本值得一读的书，也是一本好看的书。"假装浪漫"这个书名是她对于自己的自嘲。她喜欢自问和自嘲。我也喜欢她的自嘲，喜欢她的随意的文字，这些文字出自于心。这样的文字美不美？当然美。不但美，而且真，而且善，可以说是真善美。

············周实（作家）

沈睿是女权主义者，她的言说并不像有些人那样剑拔弩张；沈睿是学者，她的文章不掉书袋；沈睿是专栏作家，她的文章看不出有意的经营，看不到某种暗示或强调。她好像不是在写，而是像一条小溪自然而然地流淌，就如同与朋友对面相坐，娓娓而谈，时而有低语的会心，时而有忘情的感动。

…………邢小群（中国青年政治学院教授）

沈睿在《我成为女人的方式》和《走向女权主义》两篇文章里，用自己的亲身经历，解答了我一度存在的相关困惑。法国女作家西蒙·波伏娃曾经说过："女人不是天生的，而是后天形成的。"这话堪称经典。事实上，沈睿是幸运的，她挣脱了传统观念对女性的束缚，但更多曾经也胸怀大志的女性，是不是在无奈乃至无意识的接受之中，已经被社会塑造成远离自我梦想的庸常女人？这是我读完沈睿《假装浪漫》之后，一直在思考的问题。

…………高富强（中国妇女报《农家女》编辑）

《假装浪漫》之难得，在于表现了中年女性的真性情，强调了调情是中年女性及性觉醒之后的每一个人的人权，这在以往的书中是少有涉及的。这是一本思想明朗如阳光的书，我相信每个满怀对生活的渴望的女人男人读了，都会受到鼓舞。

…………丁宁（北京出版社）

在美国教书的沈睿女士的随笔集名字叫得新奇,叫《假装浪漫》。读者在她的博客后留言,齐声盛赞《假装浪漫》,都说读得爱不释手。自由、放松、和平、理趣而激情的心境,我想应该是她所有随笔中,读者与沈睿及其文字的共振点、合拍处和观看焦点……所以三遍读,一遍色,看到"风月";二遍香,感到孤芳;三遍味,品触到自由。好的文字是现象学的,从杯子的一面可以看到整个杯子。自然,沈睿的文字是有其读者群的,这是成熟写作的标志。

············何立明(华中科技大学教授)

沈睿的美文,是年龄的美文,如同秋天漫漫树林中的颜色和果实,为了不被时间夺走,由语言的真丝细细编织,是女人中年的绚丽生活。

············荒林(北京师范大学教授)

旅美学者沈睿娓娓道来的絮语文风有种"人到中年"的智慧与沧桑。周华健有句歌词:"有故事的人才听懂心里的歌。"《假装浪漫》正是一首"有故事的人的心里的歌",更是沈睿本人"记忆的碎片"的重拾与黏合,同时还是一个"女人的视界"。

············周云龙(《厦门商报》)

看她的文字,正像她自己所说,那么自然而然又有着独有的光泽。它令我产生阅读的快感,感到书写的欲望。我会把她的书推荐给自己的女朋友们，不管她们是否女权，都会受益——或者说不是女权的女性，会更加受益，因为她们会从中发现新的视角、新的思考角度与方向。

············李雨赪（读者）

我觉得这才是合适的女权入门书，不是什么庞杂的理论，而是你的一个朋友在跟你聊天，聊她自己的经历和想法，给你打开一扇门。

············容安（读者）

我喜欢沈睿。她让我思考。首先是她的视角。女权主义是什么视角？它是敏锐的。为什么中国女性三十就被认为是豆腐渣？为什么女孩从小就被教育事业和家庭是二元对立的？女性视角是深刻的，也是实际的——对女性受教育，婚恋，生育，离婚的财产权的保护。沈睿的处境让我动容。娜拉出走，并没有回头或沉沦，而是新生，她更加独立，美丽，聪慧和从容了。

············azcat11（读者）

我用了两天的时间将这本书一口气读完，读完之后酣畅淋漓，竟然有一种一下子被掏空的感觉，沈睿老师向我打开了新世界的大门。沈睿老师写道，女权主义不是魔怪，如果你相信女人也是人，你就是女权主义者。女权，女人做人的权利。如果你嘲笑它、蔑视它，你就是在帮助剥夺你的姐妹母亲做人的权利。我意识到,这应该是我开启女权主义大门的一把钥匙,一个契机。

············珑儿(读者)

这是一个女人的成长故事,却也是千千万万女性不断成长的故事。生活需要浪漫,当不能浪漫时,我们可以假装浪漫,这是一种情调,一种安慰,一种态度,一种智慧,这不是谎言和欺骗,并不需要拆穿,而是要会心一笑。这是让我思考又开心的书,这是一本可爱女人写女人可爱生活的书。

············祥祯@京馆(读者)

沈睿的这本《假装浪漫》我基本上是一口气读完的。她的文字清新自然,干净利落,没什么哲理性的总结陈词或太过雕琢的文字技巧,但我真的很喜欢。全书带给我的一种美与善的氛围,那是一种温暖、明亮、向上的基调。

············清风不语(读者)

目录

1 初版评论

1 无所畏惧地生活（修订版前言）

假装浪漫

3 靠河的房子

6 在安纳波利斯你忍不住要陷入爱情

10 安纳波利斯的飞翔之夜

14 日子的起始

18 假装浪漫

22 透明的城堡

25 絮语

29 没有故事

32 回忆的碎片

35　不谈爱情

39　琐碎细节

42　吃喝

45　沉醉于彼此之中

48　他的臂膀

52　让我温习你的回忆

55　抱怨

58　睡觉

62　大海和我们

66　爱干净的男人

69　贫穷的意义

74　亲人间

77　关于死亡的浪漫遐想

79　奖励自己

成为女人

85　丑女人怎样变成漂亮的女人

90　女人的美丽

93　女人的身体

111　女人的性欲望

115　女人都好色

120　我成为女人的方式

132　人到中年

149　关于婚姻

158　母亲和我的头发

161　母女的链条

166　走向女权主义

女人的世界

189　童话教女孩子什么

192　她们什么年龄都做爱！

197　美国人单身生活的理由

201　聪明独立的女人更吸引人

205　女性的家庭和事业不必对立

208　为什么移民女性更容易在西方成功

211　为什么女性在数学和科学领域内人数比男性少

215　从大法官人选看美国女性的政治位置

219　希拉里代表美国女性走的漫长的旅程

222　多丽丝·莱辛

234　闯线的女人

238 厌女症：世界最古老的偏见
244 家暴之殇：美国南卡州女性的悲与痛
251 女人的权利与中国女性的生活
260 无谓的喧嚣：就余秀华走红答华西都市报

生活细节

271 世界各地的饭都好吃
276 扔！
280 两年搬了五次家
290 岸岸在美国上中学
298 一见钟情
302 比尔死了，没有人为他哭泣
313 洋子的勇气
317 幸福(happy，happiness)

无所畏惧地生活（修订版前言）

沈　睿

　　世界上经常有莫名其妙的"奇迹"——《假装浪漫》这本书的命运就是这种"奇迹"之一。2009年初本书在周实和薛原两位先生的建议与帮助下出版，当时我在真名网的博客被莫名其妙地关闭，为了不惹恼环境，我被建议只谈风月，不谈政治，于是我就把只关风月的"假装浪漫"作为本书的第一辑，用浪漫做诱饵，希望人们买书，书的题目好像是迷彩服，把你的眼睛晃晕了，我贩卖的货色也就进入了你的脑子里——这是我的希望。

　　《假装浪漫》描述了一个爱情故事的片段，其实是在某个大理论家（罗兰·巴特）《爱情话语》影响下的一种写作实践。这爱情，实在是极简单极普通的故事，是两个不同背景的人走向一起的零碎的话语，包含着我对爱情与人生的理解,我命名为"假装浪漫",作为嘲弄和反讽——于我,反讽是语言的最高艺术形式,是思考的深度;嘲讽,是嘲讽我自己,因为我是一个怎么也老不了的人,内心里全是对明天的浪漫向往和渴望,我想如我这样的男男女女,绝不只我一个。

《假装浪漫》还讲了很多其他故事,比如,为什么法国女性什么年龄都做爱?比如童话教孩子们什么?比如女性的身体的意义等等,对很多文化现象进行解读。这样一本比较文化的书,书名柔软,充分体现女性的维度——如果浪漫是女性维度的话。

让我绝没有想到的是《假装浪漫》给我带来了不可想象的命运。2009年底我那时工作的学校的一个教中文的同事看到了这本书,怀着恶意,向上级汇报我写了一本色情书——《假装浪漫》被她冠以色情书,并汇报到我工作的系里、学校里。我工作的地方,大部分是男生,女生只占五分之一。写色情书的中国女教授在这个学校教授文学,那还了得!这位语言老师还顺便向学校汇报我居然教授卫慧的《上海宝贝》,里面全是色情。这位老师干脆翻译《假装浪漫》的片段文字,把我写做爱的诗意的文字翻译成赤裸裸的粗暴的文字。这样,"奇迹"就发生了:在美国这所学院里,我被看成一个"色情"的写作者。学校主要领导找我谈话,他们一个汉字也不认识,某个领导鄙夷地说,他认为《假装浪漫》是一本垃圾书,我坐在那里哑口无言,目瞪口呆。

一场旷日持久的学院内嫉妒导致的诬陷,让我经历了我一生最荒谬也是来美国后最黯淡的时期,也经历了我人生的最大失败。我不解的是为什么学校不去调查，这不是很容易解决的一个问题吗？学校不调查，宁愿相信这个疯狂的女人。我在学校内的朋友对我说："学校当然不会调查，因为调查会证明他们听错了人，他们做错了事。你在哪里看到过自我调查的机构？"在这个学院的经历，让我体验了美国的另一面。我的一个朋友说，"你难道没学过英语的俚语吗，You can't fight city hall——你不能跟市政厅（权力）斗。"这可能会让很多人意外，美国不是一个公正的国家吗？

《假装浪漫》出版后，我在那个学校的经历一点儿都不浪漫，让我对美国这个社会有更深层次的感受和理解。如今我感谢这场旷日持久的诬陷与辩白——我最终还是没辩白成，而且越涂越黑，黑得我彻底地成了一个无所畏惧的人，我成了一个更坚强也更无惧的人。无所畏惧地生活——live fearlessly成为我生活的座右铭。没有这场经历，我无法说出我的坚定，这样的辩证法让你不得不相信，你生命最黑暗的时刻也是你走向光明的起点。

《假装浪漫》出版了六年，我因此书交了好些朋友。陌生人给我写信，使我深受鼓舞。一个陌生读者居然还在网上找到安纳波利斯小城的各种照片，做了一本图画书。好几个朋友都告诉我，他们来美国访问安纳波利斯是因为这本《假装浪漫》。世界上还有比这更让人鼓舞的读者反应吗？世界上还有比这样的读者反应更肯定一本书的吗？

新版的书，换了一些文章，修订了几个名字，框架仍在，故事也没有过时，文字希望还好看。文化比较是我们这个越来越小的世界中的主要议题,因为我们对其他国家的人如何生活很好奇,我们对男人女人的个人生活很好奇。我在两种文化里生活,在两个体制里生活过,文化比较是我生活的现实。至于爱情篇里写的爱情故事——爱情说到底是一种模仿与重复,希望我模仿得漂亮一点,如同这本书带给我的失败一样,失败得漂亮一点,这句话是套用法国剧作家贝克特的名言:fail again, fail better——再次失败,失败得更漂亮点。

感谢那些给了我力量和支持我的相识与不相识的朋友,为这本书带给我的命运,我感谢每一个朋友。感谢读者的热情鼓励,让我们在这个不那么浪漫的世界里,假装浪漫地生活着,无所畏惧地生活着!

写于厂房,美国亚特兰大

假装浪漫

靠河的房子

　　从葛底茨堡搬到安纳波利斯整整三个月，才算找到了满意的房子。搬进来，才算有了一个舒适的小窝。我的这个小房子，只有一间卧室，一个书房兼起居室，小小的厨房和不大的卫生间，是连在一幢大房子旁边的独立的小单元。房主的名字是威廉·奥兹卡普坦，一个奇怪的姓，很不常见。他夏天住在德国，冬天回到美国，住在佛罗里达。这幢房子不知他什么时候住，此刻大的主房出租给一对夫妇，这座小房子就出租给我。

　　这座小小的房子靠着安纳波利斯风景十分秀美的被马里兰州命名为风景名胜的河流：瑟文河(Severn)。河两岸是隐藏在万木绿茵中的房屋。我的小房子就在这些绿树丛中，紧靠着这条河流。打开窗子,可以听见河流缓慢流淌的雄浑的声音。躺在床上,好像河流就在窗下。坐在我的桌子前,可以看见闪亮的河湾。几天前还满眼都是树木,以为我的四周是参天的树林,这几天下雨,刮风,冬天突然来临,树叶纷纷落下,我看到河湾后的道路,河对岸的灯光。

这就是我的新住所。从我的窗户下走下去,几十个台阶,就是我的房东的私人码头。我站在码头上看这条缓慢流动的河,美国海军学院的学生们正在河里练习划艇。不知哪个是我的学生,水面宽,看不清楚,听他们划艇的叫喊,声音那么清楚,声音中是那种青年人才有的朝气蓬勃。我第一次感到,也许来到海军学院教书,不是一个错误。毕竟这三个月我学到了很多东西,很多从来没想到的经验,毕竟我又一次得到了成长。可惜,这么大年龄了还在成长,我自嘲地想,什么时候我才算成长好了呢?

这三个多月我好像是连滚带爬地过来的。来到新的学校,新的地方,认识新的人,搬到新的地方,生活几乎是全新地重写了一回。很多时候困难重重,很多时候我咬着牙,强迫自己适应新的环境。我过去的学生,现在在华盛顿当律师的凯文激将我说:"沈睿,只有老人才对生活的变化感到巨大不适应。你难道变老了吗?"我们在靠近白宫的一家日本餐馆吃饭,透过窗子我看见世界银行的大楼,看见凯文工作的律师事务所,美国最大的律师事务所之一。

秋阳明媚。凯文继续说:"不知教授的工作如何,做我这行,越跳槽越好。最好的律师几年之内都会换好几个地方，目的就是熟悉各种工作环境。"我认识凯文时，他才二十岁，有一双大而碧绿的眼睛。多年来他总是给我写信，有时称我为他的"替代的母亲"，现在他却在教育和帮助我了。我突然觉得老了。凯文还在说，"生活就是经验，经历得越多，越生活过。"我笑了笑，看着成熟的凯文，哥伦比亚大学法学院毕业后在华盛顿、英国、卢森堡各地工作的凯文，"凯文，我就是累了。搬家，搬来搬去的，这么多年，我累了。"凯文听了，站起来，走到我身旁，把我拥抱住，"你会好的。"

我会好的，我知道这个。但是直到在这个新的靠河的小房子里住下来，安纳波利斯才算变得让我喜欢起来。

瑟文河其实是安静的，大河流淌，隐隐的，无声无息。生活好像就是这样，缓慢地流淌着，在无声无息中，夏天过去了，秋天也过去了，冬天来了，树木凋零了，安纳波利斯的冬天来了。

在安纳波利斯你忍不住要陷入爱情

安纳波利斯是一个非常古老的小镇。昨天我和惠子一起吃饭，聊天，散步。我们在冬天突然温暖的阳光里穿过安纳波利斯镇传统小街，好像漫步在几个世纪前的美国。

安纳波利斯被誉为美国建筑博物馆，是美国保存殖民时代建筑最多的小镇。美国的殖民时代，是从"五月花号"登上美洲土地到美国独立的这不到两百年之间。美国没有一个小镇有安纳波利斯保留这么多殖民时代的建筑，这些三百多岁的建筑仍然屹立着，使用着。安纳波利斯为此自豪，成为美国的旅游胜地之一，据说每年有两百万人来这里旅行。关于这个小镇的建筑，有很多书籍和研究文章，有一次在图书馆查阅这个镇的历史，看到那么多书，想，我要是读完这些书，恐怕可以再拿一个硕士学位了。

美国人什么都喜欢研究和保护，因为美洲殖民以来历史只有四百年，美国历史只有两百多年，对自己短暂的历史文物，什么都要保护。这种无所不保护的心态，使安纳波利斯还是三百年前的模样。这个镇建于1649年。1783到1784年，安纳波利斯曾短暂地是刚刚独立的美国的第二个首都（第一个是美国独立革命的发源地费城），也是第一个和平时代的首都。在签署美国《独立宣言》的五十六位美国创立者中，有四位是从马里兰州来的，其中三位的房子，直到现在，还在安纳波利斯小镇上，对外开放，任何人都可以来参观。

更有历史意义的是，就在街中心的拐角处，就是当年签署结束美洲殖民地和英国的战争——英国被迫同意北美独立的"巴黎协约"的地方。在这个协约中，不列颠帝国被迫承认原殖民地十三个州独立，组成自己的国家。签署这个协约的房间还在，如今是一家上等雅致的餐馆。我曾在这里请一个好朋友吃饭，他是政治史教授，我们两个人在这里发思古之幽情，感叹历史变迁。站在壁炉旁，他说，他能感觉到富兰克林和大英帝国使节史伯尼爵爷在这个房间里争论的热度。协议签完后，根据惯例，画家要为这个历史性的时刻画像。那时照相机还没有发明，画家要起摄影师的作用。可是大英帝国使团拒绝被画在油画里面。这个协议是大英帝国殖民主义失败的标志。如今这幅藏在国家博物馆里的画还是未完成的，只有一半画完了。

在安纳波利斯镇里徜徉，就是在美国的历史里徜徉，就是在浪漫的怀古中徜徉。前不久朋友的孩子来我这里暂住,我把他带到这个小镇的中心,对他说,"你下去到小镇中心看一看,这里是美国殖民建筑博物馆。"他抬头:"那有什么好看的?我才不去呢。"我无奈,直接带他回住处。我从此下决心再也不给没有历史感的人介绍安纳波利斯。很多中国人来美国旅行,似乎就是来买东西,其实美国也没什么可买的,还不如中国买东西方便,值得看的是美国对历史文物的保护。

安纳波利斯与三百年前比,唯一变化的是街上的路面。十年前这里的路面还都是殖民时代的鹅卵石,可是经过这么多年,特别是汽车时代,鹅卵石都磨损了,也磨得危险起来,因为太光滑。所以全镇投票,决定把鹅卵石换成红砖路面。古老的建筑,狭窄的红砖街道,挨得密集的房屋,石头的教堂,安纳波利斯有特殊的悠久的浪漫。

我和惠子就在小镇里走来走去,享受安纳波利斯的冬日温暖和怀古的安闲。惠子搬到安纳波利斯十一年了,她选择在镇中心住,因为喜欢古老的建筑,不喜欢任何新建筑。惠子和我分享同样的生活趣味,所以我很喜欢和她一起散步逛街。她对我说:"我生活在过去的时代,只有过去的风景适合我。"我听了拍掌,好像有另外一个人在说我心里常常说的话。今天来看惠子就是因为她刚搬了新居。从她的旧居到新居不过几条街。她过去住的地方,我非常喜欢,因为古老和古旧。可是不久前,她的公寓被撬,电脑被盗,她心里不愉快,决定搬家,不过是搬到不到五百米远的地方,在另外的一条街上。这条街,是安纳波利斯建城时的第一条街,就在镇中心广场上。

我走进惠子的新居,是在三楼,推开门,我惊呆了:这正是我喜欢的风格!古老,诗意,典雅,小窗外就是镇中心,就是靠船的码头,就是点点的白帆,那些三百多年来不变的尖顶的小楼,就是买也买不到的只有想象中才出现的殖民时代的风景。我快乐地大叫,奔到窗户旁,看外面的风景。街上人来来往往,我好像看见马车在街头得得地敲着路面,看见穿着长裙子的女人们在阳光下走过广场。我对千惠子说:"让我搬过来吧,这套房间如此浪漫,我忍不住要陷入爱情!"

惠子的房子下面一楼就是星巴克咖啡馆。吃过饭后我们下楼去喝咖啡,没想到他也在那里喝咖啡,看到我们,高兴地招呼我们。我们都坐在临街的椅子上,啜着咖啡,看外面的风景。我知道他是故意来这里的,要给我一个惊喜。我们都赞叹外面的风景和雨后初晴的温暖。惠子对他说:"沈睿说在安纳波利斯她忍不住要陷入爱情。"他们一起大笑,我也微笑着,是的,我忍不住要在这个浪漫的地方陷入爱情。谁能不呢?

安纳波利斯的飞翔之夜

夜深了,从酒吧里出来,带出一身热气,外面有一点凉,是海边深秋的夜晚。我裹了裹身上的印第安人披的长围肩,海港无声,只有点点的灯光在波纹摇曳的水面上反射,于我来说,这个海湾和夜晚都是奇异的。

我是从不在酒吧停留如此之长的人,可是他却使我留下。我们先吃饭,吃饭的时候已经喝了酒。吃过饭,他酒意未散,说我们到那边继续喝酒吧。我们就移到酒吧台边的高脚椅上喝酒。我们聊天,聊得连我们自己也不知道在聊什么,酒喝了一杯又一杯。直到有人开始唱歌,我在酒吧暗淡的浪漫的灯光里,听那些我从来没有听过的关于爱情的歌曲。音乐的声音如此之大,我渐渐听不到他在说什么了，感到他在我的耳边窃窃耳语："我带你看这里的夜景，你也许从此会喜欢这里。"

我说好。我先上洗手间去，然后我们走。回来的时候，他已经付了钱。很长时间以后我才知道我那刻做的事，上洗手间，是他喜欢的仪式。"如果是我付钱，我希望对方不在，上洗手间去。"可是那是我们第一次吃晚饭，第一次去酒吧。我不知道他的规则。

从酒吧里出来，我站在餐馆外的海港平台上看夜空。夜空其实是黑的，黑得好像故意让我觉得自己是在外国，在一个陌生的地方，没有朋友，也没有亲人，只有他站在我身后。我转过身来，看着他。他细眯着眼睛，打量着我。我突然感到他的目光的分量。我故作微笑了一下，走出来，走向他的红色跑车。

"你到过大桥吗？"车驶出停车场后，他问我。"哪个桥？是校门口的桥还是哪里的桥？"我完全不知道。我来这里才两个月，连房子都没找好呢，对这里的地理完全不知。再说，这里是海湾，到处都是桥。"大桥，很长的桥，有三四英里长，连接马里兰东部和这里的大桥。"我摇摇头。他说："那我们就去看大桥吧。"他的车开得飞快，我看看里程表，超过八十英里。我说："小心点，别让警察逮着你。"他说："不会。此刻我希望是在欧洲。在欧洲你可以开上一百四十英里，不会有问题。"他是欧洲人，欧洲才是标准。

车在夜晚行驶好像是在夜里飞翔，我不知道他在往哪里开，坐在前座上，看外面高速公路旁的各种广告。"夜晚在大桥上开车，你会感觉好像在飞翔。"他说出了我心里想的，"我以前常常在夜晚来这里，在桥上开车，体验飞翔的感觉。"他是跟谁一起来的呢？另一个女人？一个如我一样对此地毫无了解的人，或者是当地人？我心里想。

我们到了桥的入口处。原来上桥还要缴费，他缴了三块钱，过了关卡，开始加大油门，一分钟后我们就已经在大桥上飞驰了。桥越来越高，高过水面二百多米，巨轮可以从桥下通过，可是此刻因为是深夜，水面上一片漆黑，大桥好像是在天空中架起的一个长廊，我们好像是向天空飞去。

深秋的风从车顶上的顶窗内吹进来，我的酒几乎醒了。车飞快，整个大桥上都没有车，除了我们之外，我们可以尽情地驾驶。我说："慢下来，请慢下来，让我们体验。"生活是快速的，让我们慢下来，体验这种夜晚的吸引和飞车的快感。

我们开到了另一头，又掉转回来，再次体验这种夜晚的激情。我突然觉得自己是个孩子，为了这一刹那的惊心动魄，屏住呼吸，体验夜晚过大桥的激情。可是再过来的时候，我却没有那种想象的激动。我想到多年前我带着孩子在路易斯安那州开车经过那些似乎没完没了的桥，回忆淹没我，我丧失了对此刻的感觉。

他把我送到我停车的地方，我们伸出手来，谢谢彼此："谢谢你，为这个美好的夜晚。"我突然问,几点了?他看看手表,哦,快一点了。夜深了,晚安。我们彼此说。我发动车,他也发动了车,我们各自开向自己的方向。这是我的第一个安纳波利斯夜游的夜晚,我从此喜欢上了这里,他是对的。

日子的起始

那天我们先在海滨的静水公园门口见面，然后走进树林里散步。正是秋天，树林里一片金黄，美不胜收。中途累了，我们坐在倒塌的巨树上，看海湾的风景。对面是百万富翁们住的豪宅，树荫之中美丽的房屋前是绿地和私家码头。

蓝色的海湾上有点点白色的帆船，我们并肩坐在那里。他谈到写博士论文的时候，他就住在这样的树林和湖边，"我天天写作，然后做爱，每天如此。"他回忆，回忆里全是青春、工作和爱情。他突然问："你那时在哪里？"我说："我在一个叫武汉的地方，也是有湖有山的地方，读大学。"我停顿了一会儿，补充说："没有天天做爱。"我们相视彼此,突然一起大笑,好像我说了什么可笑的话。

我们走到海边,在海湾边的长椅上坐着,阳光明媚,我几乎睡着了。我觉得我们不是在安纳波利斯,而是地中海的什么地方。"我觉得我是在外国。"我说。他看着一望无际的海口,说:"你就是,你就是在外国。我们都在外国。""我不觉得祖国是我的国家了,每次回去,都觉得陌生,我不觉得属于那里,可我也不是美国人。""我不是法国人,虽然我生在法国;我不是德国人,虽然德语是我的写作语言;意大利语是我的母语,可是我在法国服兵役,在维也纳上大学,我来美国二十多年了。"我们不约而同地说:"我们算没国没家的人。"然后我们看看彼此,会意地笑了。

游人从我们的身边走过。我觉得我们可以这样坐到老,老到地老天荒的那天,可是我不想沉浸在这种感觉之中。我跳起来,向山上的台阶上跑,他跟上来了。

我们在树林里的长跑道上赛跑,如两只林中的鹿。他最后超过了我。我跑得气喘吁吁。"你还可以,"他说,"跑得不慢。跑得相当快。"我看看他,他的健美的身材,这个英俊的男人,他英俊得如一棵挺拔成熟的树,微风吹起他的头发,我很想停下来……走过去……仰起头……亲吻他,可是……我又跑了起来。

然后我们到一个法国人的酒窖里去品酒。我喜欢酒,常幻想办一本酒杂志,题目就叫《酒与生活》,专门讨论美酒以及生活,所以走进酒窖的时候我惊讶得大叫:"太美了,这里真是太美了!"

成百上千种酒,在灯光的精心照射下,看一眼就已经让人醉了。引酒师们身穿十九世纪的礼服,引领我们品酒。我先尝了五种红酒,选中了一种喜欢的,拿钱去买。我们在酒窖里徜徉,继续品酒。酒窖很大,橡木做的酒桶一摞一摞地升上去。在另一个酒柜前,酒窖的主人正好也在那里,看我们品酒,过来致意,他们立刻用法文交谈起来了。我听着用语言制造的墙,好像他在墙内,我在墙外,我们看得见彼此,我却无法走进那个世界。

出来的时候我们都已经有些醉意。"你的性格如一瓶上好的香槟酒,无论多年,打开时都bubbling。"他说。轮到我真的大笑:"我是香槟中的那些小气泡吗?""你是酒中最珍贵的那种精神,那种活力,那种bubbling。""你醉了。"我说。"我从来没喝醉过。"他否认。我们到他家的时候,他问我是否喝点什么。他进门,径直走到厨房,拿出酒杯,打开了一瓶雷司令。"华盛顿州制造的。我读博士的时候,到过这个葡萄园,从此喜欢这个酒。"我们好像总是回到他读博士的时代,好像中间的二十多年都不存在。

酒杯是敞口的淡蓝色的高脚杯,很好看,我喝了一口酒,清澈冰凉,十分爽口。"我多年没喝雷司令了。"我说,"我的第一个丈夫喜欢雷司令,那时我们年轻,也不懂酒,我那时不知道雷司令是一种葡萄。"

他说:"年轻的时候,我们都不懂得好酒是什么。年龄大一些,经验多了,才懂得一点。我从来不一个人喝酒。""我也是,"我说,"从来不一个人喝。有时候我的朋友打电话来,她们正在喝酒,要我也在电话里一起喝,我也从来不喝,一个人喝酒太悲伤。"

他站在百叶窗后的柔和光线里,深褐色的头发中稀疏着几根白发,棱角分明的额头,深邃的眼睛,几乎如雕塑一样完美的鼻子和嘴巴。我突然再次产生了走过去吻他的嘴唇的愿望,可是口中说的是,"我得回家了,再喝,真要醉了。"我边说边往楼下走,眼角中看到他愣在那里,看着我。我走到楼下,穿上鞋,出了门,走到车场,打开车门,进去坐好,发动车,回家了。

好多天后他对我说,"我以为那天你会回来呢。"

假装浪漫

那天过马路的时候,他突然拉住我的手,拽我到他身上。一辆车驶过去了,他说:"哪有过街不看车的人!"我说:"跟你在一起,什么也看不见。"我们一起大笑,我们假装浪漫。

房间里很冷。把壁炉打开吧。他仰躺在那里,给壁炉打火,壁炉一个春夏没有用过,打了好半天也打不着。我说:"想假装浪漫都没办法,这个壁炉不想浪漫。"

我们坐在壁炉前烤火,我说要是有蜡烛我们就可以假装得更浪漫一点。他站起来去找蜡烛。他根本没有蜡烛。"现在你知道了,我们没法假装浪漫。"

我叹气,连假装都没有办法,没有活路了,还是别浪漫了。他说好吧。

我们就到购物中心看他喜欢的泰国女人和我喜欢的一个肯尼亚黑人小伙子。我们坐在酒吧外,拿着酒,看我们喜欢的人。我说,你要过去对她说你喜欢她。他说,你要过去对他说你请他喝酒。我说我只想摸摸他的蜷曲如蘑菇一样的头发。他说,如果我有这个泰国女人,我会每天崇拜她。我们彼此倾诉胡言乱语的幻想,我们笑来笑去。结果我去跟我的黑人小伙子搭话,我们说笑话,笑得前仰后合,小伙子让我摸摸如铜丝一样的头发。他却没有走到泰国女人跟前。为什么不?她结婚了,她一定嫁给了一个做生意的人,我从不追求结了婚的女人。我从来不跟比我年轻的男孩子玩过家家。

我们就在商场里转来转去。他上卫生间去了,我站在那里等他。一个卖指甲打磨器的女孩子对我说,你要不要试一试我的产品?我就走过去,让她打磨我的指甲。他回来了,站在我的身后,卖打磨器的女孩子说:"看看你太太的手多么好看。你是她的丈夫吗?"他冲口说:"还不是。"我掉转身,看着他:"你要做我的下任丈夫吗?"他摇头,笑,使劲摇头。我买了打磨器回家。过了几天,他说你干吗不用?我试了试,磨了半天指甲也不亮。我们面面相觑:"我们受骗了。"

我问,世界上哪个国家的男人最好,最适合做丈夫,德国?法国?英国?俄国?美国?他回过头来:"意大利男人。"我们又大笑。我怎么忘了眼前的意大利？

世界上最美的女人是泰国女人。他对我重复。她们的皮肤，她们的服装，她们娉娉婷婷，婀娜多姿，真是美丽的女人。我想他说得对。泰国女人有别的国家的女人没有的风姿，连我都喜欢起来了，于是我们上泰国馆子吃饭，为了看泰国女人。

他总是惊讶："你怎么也会喜欢看漂亮的女人？""为什么不？我爱美，美是没有性别的。"我说。

他说："很奇怪，我很少看到非常好看的中国女人，这是为什么？""因为你见得太少。"我说。他觉得捷克女人很好看："她们的高挑的眼睛，美极了。"他像一个品酒师，品评不同的女人。我说，黑人男人有男性气，阳刚之美。他说，"嗯嗯，美是在爱恋者的眼睛里。"我说："情人眼里出西施。"他问："什么是西施？"我说西施不是什么，西施是人，一个中国美女，中国历史上四大美女之一。他啧啧地："那么大的国家那么悠久的历史，只有四个美女，可见美女不多。所以我是对的。"我佯装气得要扔东西。

他买一个刀具，是他给自己的礼物。旁边的一个女人搭话说，这个刀具真漂亮。他们聊了起来。那个女人问他是哪国人，问他我是哪国人。他介绍我是中国人，他请这个女人猜他是哪国人。那个女人说，你是法国人。我拍手："瞧，谁都说你是法国人。"站在一旁的售货员，一个白得发粉的胖子，对我们说："祝你们在我们的国家里呆得愉快！"我正不知怎样回答，显然他以为我们是外国人，或者是旅游者。他机敏地说:"先生,我们跟你一样,你有多么美国人,我们就是多么的美国人。我们都是美国人。"他拉起我的手,我们走了,好像耀武扬威的美国人。

我们就是这样假装浪漫。

透明的城堡

晚会的时候大家都在喝酒。教授们的晚会总是这样，大家痛骂布什和现任政府，谈论政治、电影、音乐会和《纽约时报》书评版上讨论的刚出版的书籍。没有人谈爱情，人到中年我们不再谈论爱情。他走过来，在我耳边用笨拙的中文说："你是最漂亮的中国女人。"我笑，假装听不懂，除了我之外，这里没有人听得懂中文。

我们坐在汽车里喝咖啡，因为他要给我听他最喜欢的歌曲。歌曲是用意大利语唱的，我不知道那个优美的男声在唱什么。"给我翻译，给我翻译。"我请求。他摇头，"听，听那里面的感情，流动的感情。"意大利的歌曲里面好像全是阳光，抒情的阳光，我看得见托斯卡纳的阳光和一望无际的绿色的葡萄园，感受得到意大利阳光的温暖。可是我不知道歌手在唱什么。语言是一座透明的城堡，你想象得到，你进不去。

那天他要我听另外一个女歌手，是法文的歌曲。声音低沉、喑哑、抒情，又好像是灵歌一样昂扬。"是法属黑人吗？""不，是一个金发的白人。""她的声音像黑人的。""对。""她在唱什么？""寻找爱情。"我听不懂，"给我翻译，给我翻译。"他还是摇头，"听，听，你听得懂。"我不说话，从窗子看外面，树叶子都要掉光了，已经是冬天了，叶子在地下，湿漉漉地贴在地面，天空阴霾，又要下雨了。人生苍凉，我怎么会在这里遇到你？

躺在壁炉前，他给我念里尔克的诗歌，用德文念："树叶在飘零，好像从很遥远的上方飘下，/好像果园在高空中死去。/每一片叶子都在飘落，好像在以飘动的方式说不。/今晚沉重的雨落下着，在孤独中，从所有的其他星星身旁飘落。/我们在飘落。这里的这只手在飘落。看看另外一只手，他们本是一体。/但是就在这个时刻有某个人，他的手/无限的平静，握住所有这些飘零。"我知道这首诗的英文。英文是诗人罗伯特·布莱翻译的，最好的译文，最美的英文之一，稔熟于心中，我都背得出。听德文，我听得见里尔克所有的诗意，里尔克是给我们写的这首诗。我们在飘落和飘零的日子里，想握住所有的飘下。

我给他看我最喜欢的诗人，波多黎各女诗人胡丽雅·德·博格思（Julia de Burgos）的全集，是西班牙文和英文的对照本，找出我最喜欢的那首诗，给他看。他大声地念西班牙文，我看到他眼睛中的泪光。他说："的确，最好的西班牙文诗歌之一，英文翻译得不成。""可是我不懂西班牙文，"我说，"没办法，只能读英文。"他说："你应该学法文和西班牙文。""为什么？""你有一天要到世界上最美的都市巴黎去，你属于那座城市，你得会法文。你那么喜欢诗歌，必须懂西班牙文，不然你没有品尝世界上最好的语言。"我不说话。我是不是应该学法文和西班牙文？我宁愿学俄文，"在俄国的某个地方，在俄国，也只有在俄国，有我的灵魂。"我说，眼前是俄国的森林和河流，我从来没有去过的地方。

我们在商场里逛。我买裙子，试来试去，出来让他看。售货员不停地说好看，他也点头。售货员对他说："给她买吧，这条裙子像是为她做的一样。"他笑，要掏钱包。我摇头，着急地说："不不不，我自己付钱。"售货员说："你们谁付钱不是一样吗？"我急扯地说："不不不，不一样，"转身对他用中文说，"她以为我们是夫妇呢。"他听不懂中文，这两个人都不知道我在说什么。我恨得咬牙："你得学中文！我希望我们说的话谁也听不懂。"他三年前学过半年中文，只会说几句你好你漂亮之类。现在他老老实实地把中文课本拿了出来，每天练习。我不知道我们哪天才能用中文交谈，也许永远不会。

世界上哪一种语言可以表达我们对生活的渴望和梦想？哪一只语言的手可以握住所有的飘落？

絮 语

"你为什么如此渴望与人的联系?"

"孤独。"

"孤独把你吞噬了。"

"……"

"嗯,你又把自己悬挂在泪珠上了。"

"我是一颗摇来晃去的泪珠。"

"中学的时候我幻想有一天会嫁给一个俄国人。"

"为什么是俄国人?"

"文学和诗歌。我是读着俄国文学长大的啊。"

"你遇到你的俄国情人了吗?"

"嗯。"

"谁?"

"你的布拉格邻居,玛丽娜·茨维塔耶娃。"

"你第一次做爱时多大?"

"九岁。"

"一边呆着去!"

"真的。她二十一岁。我九岁。"

"好吗?"

"我紧张得要死。不到一分钟就完了。"

我们一起大笑。

"你很美,很美丽,你是一个美丽的女人,你知道吗?"

"是吗?谢谢你。岁月使我美丽,年龄给了我力量。"

"你不怕老吗?"

"怕,但是也不怕。因为人到中年,懂别人,也懂自己,懂得有限也懂得把握。"

"你呢?你怕吗?"

"我也怕,也不怕。我怕不能再行动,怕失去控制。有一天我会自己结束生命。"

"别、别这么说。"

"意识到死亡,就意识到生命的珍贵,意识到此刻的珍贵。我是一座孤岛,河流带到我身边的,我拾起来,我有收获,没有损失,河流把你送来,我拾起了你。"

"你那么迷人。你讲话之后,我回到办公室,在我的椅子上坐了十分钟,一动都没动,我不知道发生了什么,你迷住了所有的人,我被深深地迷住了。"

"哦,那是演讲,是表演,不是真实的我。"

"我当时就感到会有什么在我们之间。所以投票的时候我投了反对票。我不想要你到我身边来。"

"真的?你投我的反对票?"

"对。你走的时候,我专门去跟你告别。我想再感受一下到底是怎么回事。我突然意识到你的艺术气质,意识到是你的艺术气质迷住了我。我意识到有什么东西让我害怕,所以我投了你的反对票。"

"天!有这样的故事。"

"可是两天之后,我们接到新的通知,你就来了。"

"所以我来是天意,是河流,不可阻挡。"

"你可以这么说。"

"我第一次见到你的时候,想,那个男人真帅,真欧洲气质。我以为你是法国人。"

"还有呢?"

"说实话吗?"

"实话。"

"我还想,那么帅的男人……我不想告诉你。"

"所以你也感到了,是不是?"

"是。不知为什么,我感到了你所感到的。"

我们无语,静默了很长时间。

"死亡四处潜伏着,对你自己好一点。"

"我懂。假如、假如明天太阳照样升起……"

没有故事

我们在那个油腻腻的只有一个小门面的中餐馆外卖店里等我们点的菜，好拿回家吃。坐在那张简陋的桌子旁，我们各自捡起左右的卖房广告，这种广告在这样的餐馆里哪里都是，不经意地看。我看那些图片，想象将来我会买一个什么样的房子。突然听见他说："我们买彼此靠近的房子，好不好？"我抬头看他。难道这就是我们的终生？就这么决定了？就在这个几乎是世界上最不浪漫的一个小中餐馆外卖店里，你在决定我们将终生相守吗？我抬眼看他。他看着我，等我回答。我点点头。

我们一起去看房子。卖房子的人把我看成是主家的太太，所以一个劲儿地给我介绍厨房，好像厨房天生就是我要呆的地方。我不说话。回到家我要做饭，他要帮忙。我不常常做热火朝天的饭，因为我的生活通常很简单。他看着我做，说："你需要个厨师来照顾你，还是让我来做厨师吧。"他拿起锅，开始颠菜，菜在锅里跳，他好像真正的厨师。所以现在是他做好饭，我来吃。他打电话过来："我今天做了泰国饭，你来吃吗？"我就开车过去。吃完了，就回自己的住所。

我谈起某件事情，忍不住骂了一句英文的国骂。他止住我说："永远不许说这个词。明天你为这个词要捐款给儿童癌症研究会。"我看着他，他的眼睛里全是严肃。第二天，我给美国野生狼保护组织捐了款，我收养了一只野生小狼。

我们去另外一个镇的餐馆吃饭，回到家我才意识到我的手套丢了。第二天他说，咱们去找吧。我们开车开了几十分钟，去找那双手套。餐馆的人说没看到，没有人交手套来。我怏怏地，因为实在喜欢那双墨绿的丝绒手套，喜欢那手套的小巧和雅致。那天进家门，我突然看见手套就摆在厨房的桌子上，大叫起来，问他怎么找到的。他说，他在车里看到一只，想到另外一只一定丢在餐馆了，所以下班后他又去餐馆里找，在餐馆里的物品丢失处把手套翻找出来了。他拿起手套，拿起我的手，一一给我套上，举起我的手，左看右看，他也喜欢这双手套。为一只手套，他跑了两趟那么远的地方，那些汽油钱够买几双新的手套了。我谢谢他，他说："我疼你。"他故意用意大利口音说中文，我笑得前仰后合。

我去旅行了，回来问："我不在的时候，你想念我了吗?"他拿出字典来，指着"想念"这个词，要我读定义。他说，"想念这个词只有在那个人永远不再回来时才有真正的意义，想念是因为对象不再存在。"他是语言学家，所以就用字典证明他不想念。我无可奈何，说，好好好。面对一个表达感情非常缄默的男人，你是没有办法的。他接着说："不过，我可以告诉你一个细节。你走后的第三天，我无法控制自己，走到壁橱里把你的裙子拿出来，闻你的气息，你的香水的味道和你的味道，我闭上眼睛，感到了你。"

谈到孤独，他说，他心目中的孤独是这样的：一个绝对孤独的人，抱住自己的透明的眼泪，眼泪是他唯一的安慰。这颗眼泪愈长愈大，这个人最后无法再抱住这颗眼泪，从这颗眼泪上滑下去，向无底的黑暗的深渊里掉去。我想问，深渊里面有什么，可是我没敢问。我感到那个深渊，我曾经在那个深渊里头。

在商场里或人多的地方，他总是把我的手攥住，好像怕我丢了一样。我东看西看，也总是勾住他的手，就在他的左右。有时候，很不方便，我就说，我到那边去看看，一会儿就回来，他说好。几分钟后我们再见面时，我们的手又拉在一起。我们好像都怕彼此消失，好像对眼前的存在感到不真实，好像知道生命的水正从我们身上流走，"逝者如斯!"在浩淼的人流里，只有我们是同路的伴侣，我们小心地握住彼此的手，在此刻，别丢了。

回忆的碎片

我们常常什么事情都不做，只是闲聊度过时光。我喜欢躺在地板上，打开落地窗，让风从脸上吹过。他半躺在沙发上，讲童年和少年时代的故事，法国，意大利和德国……童年的时候，一次他们的邻居做点心，他在那里帮忙揉面团，做茶后的小甜饼。他很努力地干，那个邻居说："这个甜饼很好吃，对不对？但是我不会给你吃。"他抬眼看这个女人，跟自己母亲年龄相当的女人，就这样记住了贫穷和侮辱。"我那时大概不到七岁。"我不能想象这样对孩子说话的女人，要怎样的没有人心，才会如此残酷？我看着他近在咫尺的面容。在那张成熟而英俊的面容下，仍然是那个小男孩，被一个成年人无辜地伤害。

青年时代他在法国军队里服役。"我那时有一个女朋友,我每个周末都坐火车去看她。可是平时我在军队里,没有很多时间陪她。一次我到她那里去。她出来说,你不能进去,我有另外一个男人在里面。我当时都气愤了,血往头上冲,感到自己的血管要爆炸了。我不知自己怎么退出来,站在外面想,我可以进去,把那个男人打一顿,我可能把他打死。我也可以坐火车回家,忘掉这一切。哪种是最理性的?我选择了后者,不是因为不愤怒,而是因为我想,她有理由这样做。我常常不在,她需要别人陪伴,那就这样吧。我就坐火车回我父母家了。一进门,我弟弟看了我一眼,问,发生了什么事?你脸色铁青。我摇摇头说,没事。直接到我的床上,连衣服也没有脱,就躺下了。那是我一生第一次尝到背叛的滋味,尝到刀子割在心上的滋味。"

大学毕业后他在维也纳生活。"我有一个女朋友,她的个子比我还要高,她长得美极了,我每天都在她身上,像挂在她身上似的,时时刻刻和她做爱,时时刻刻,在每个可能做爱的地方,我有时做爱做到第二天走不动路了,我的身体都疼了,可是我们还是做个不停。这样持续了六个多月,我不知道自己是怎么过来的,六个月以后,我瘦得人都成了一层皮。夏天回家过暑假,回来后她已经去了捷克。几年后我在布拉格街头看到她,我们都惊喜极了。我们正要向一个旅馆走去,她突然摔倒了,口吐白沫,躺在街上。我把她送到医院。我才知道她有癫痫病,那是我们最后一次见面。我常常想不知道她现在怎样。与她的关系也许是我一生最疯狂的爱情之一,我不记得我们之间任何谈话,我们几乎不说话,做爱是我们唯一的交流。我时时刻刻都想和她做爱。""你和她可能有未来吗?你那时想过这个吗?""没有。我二十二岁的时候,不想未来,只想不停地在她的身体里。我是一匹马驹子。"往事是这样的,我们能记住的是那么少,年龄越大,我们记住的越少,我们能记住的是穿透的情欲和爱情。

几年前他母亲生病,父亲也生病,他正好休学年写作假,住在法国一年。父母生病,让他心乱如麻,压在身上的学术写作计划让他焦虑万分。"我每天去医院,回来完全没有写作的感觉。一天我到健身房去锻炼,看到一个女孩子,她的短裤盖住了一个纹身,我看了半天也不知道那是什么图案。我最终忍不住,问她我是否能看看她的纹身是什么图案。她拽下短裤,我看到是一朵康乃馨花。我们去喝酒聊天,你知道我的家在法国香槟酒的产地,我们去品尝香槟酒,她买了一瓶香槟酒,四十多欧元。这是我一生第一次一个女人给我买酒,而且是这么贵的酒。她三十岁出头,长得很好看。我后来天天去医院,然后去她的地方。我好像是把生命放在做爱之中了,我当时完全是死亡的感觉,好像第二天我就会死,今天我一定要最后一次享受我的身体和生命。和她在一起,救了我,我最终没有垮掉,是她救了我。现在想起来,也许这就是爱情。"

回忆是生命留给我们的唯一宝藏。这样的叙述,这样的回忆,在这些平淡的下午,我们的思绪总是回到过去,那些爱情和情欲。

不谈爱情

　　早上我匆匆地要去学校,头发还没有干。他拦住我,到浴室里拿出吹风机,给我吹头发。"头发不干,你会生病。"他吹得非常认真,好像是一个理发师。吹完头发,到壁橱里拿出我的大衣,帮我穿上。"做个好姑娘,今天!"他说。

　　那天我要下楼,天气有点热,我脱外套,他帮我脱,一只手揪住我的袖子,我边脱边走,一下子走空了,从楼梯上掉了下去,好像坐滑梯,滑了好几个台阶。我坐在台阶上,不明白发生了什么。他三步两步跳了过来,坐在我上面的台阶上,把我紧紧地抱住,抱在怀里。抱得那么紧,我连动都不能动了。我感到他的心跳,想扭身出来,就挣脱了他，跳了起来，伸伸胳膊伸伸腿，什么问题都没有。他几乎不相信，拿着我的胳膊转来转去，看是不是伤着了。"没有。"我轻快地说。走下楼去了。等我回来的时候，他还在楼梯上坐着。我问怎么了，他又把我搂在怀里，什么也不说。

好些天后，他对我说："我不经常动感情，也不善于表达感情。但是你摔倒的那天，我真的动感情了。"听他这么说，我想了想那天的情景，我怎么都没有那种严重感。他说："我当时以为你一定摔坏了，摔断了胳膊或者腿。"我说："你以为我七老八十了吗？那么容易就摔碎？"他不说话。

我们之间有些词是不说的，比如爱。他说："我不相信爱情，所以我不说爱这个词。"一天我决定和他分手，上午跑到他的家，上楼后，他还高高兴兴的呢，完全不知道山雨欲来风满楼，要我坐下来。我不坐，双手抱住自己的肩，看着他说："想来想去，反正你也不爱任何人，我们何不就此分手，也免得有一天爱上了彼此，没有意思。"他说："你放心，我不相信爱情，所以没有爱上爱不上的问题，所以我们分手不分手都无所谓。"我说："既是如此，还是分手吧。"他送我下楼，在门口给我一个最后的拥抱，说："那么我们不是爱人了？"我说："我们什么时候是过？"他不说话，亲吻我的脸颊，一边吻一下。我走了。

下午我又敲门了。他在门口看我："怎么了？""没怎么，我回来了。""你喝茶吗？""喝。"他热水，泡茶，放上牛奶，端给我。我躺在沙发上一边喝茶,一边看书。他挑 CD,放音乐,是意大利语的音乐,一个歌手和帕瓦罗蒂一起唱的二声重唱,歌声嘹亮,抒情,在黄昏中飞翔。

我要去办公室。他做好了午饭,放进一个塑料包,递给我。我看看包里面有一只香蕉,一只橘子,三片面包,一盒鱼拌洋葱芹菜,还有两片餐巾纸。我把橘子拿出来,"不爱吃橘子。"我说。"橘子对你身体好。""我不在乎。"我拿着包,走出家,好像我们这样生活了一辈子了。

我给我的学生讲"上海男人"。上海男人是模范好男人。我把文章也拿给他看。他读后,高兴地说:"我也是上海男人。上海男人爱自己的家,勤快,自立,什么活都做,我也是。"现在他讲起自己来,就拍拍胸脯:"我,上个海男人。"我听着笑。他说上海这两个字的时候,因为不知道拼音的 shang 的 g 是不发声的,所以他说成"上个海"。不知道他上了个什么海。

他喜欢逛商场。没事的时候,就对我说:"走,逛商场去。"我们在商场里逛来逛去,手拉着手,东看西看,没有目标。那天遇到大减价,我买了毛衣、裙子等等,先要试,再换,然后付钱。他站在一边,耐心地替我拿包等着我,好像很享受等待的滋味。那个个子矮矮的,嘴唇上胡子翘起来,好像从漫画书上走下来的年纪很大的售货员跟他开玩笑,指着我的婚戒,问他的婚戒指在哪儿。他摇头,指指我的手,他自己的手,摇着头,意思是他跟我没有这个关系。他们在用手势语说话，我没有看到。后来听到他对收款员说："她幸福地有人爱。"我回过头，才明白是说我。我走到他身边，踮起脚，吻他的嘴唇："我幸福地有人爱吗？"

收款员大笑："哈哈哈，爱人们，祝福你们。"他狡黠地笑，眼睛里全是调皮，很吃惊地享受这出其不意的揭示。我们拿着大包小包走出商场，我说："谁在爱我啊？"他说，"不知道。只知道有人替你拿包。"

琐碎细节

我们睡觉的时候总是手拉着手。有的时候是我握住他的手,有的时候是他攥住我的手,有的时候我们手指交叉,拉在一起,就这样睡着了。

这是很奇怪的事情,我无法明白的事情,为什么睡着了我们还握住彼此的手?我没有问过他。

他有时看着我会说:"你好像是我创造的。我明白你怎么想。"我不说话。我无法接应这样的话。

他周末的时候不刮脸,胡子都隐隐的,脸色变得冷峻。我从他的脸上可以看到古代罗马人的影子。我现在理解为什么人体雕塑只能出在意大利。英俊的意大利男人额头、眼睛、鼻子、嘴唇、下巴以及整个面型都棱角分明,加上肌肉刚健的身体，完美无缺，好像最美的雕塑。从他的脸上我相信我看得到古代罗马勇士的刚毅、勇敢和诗情。

"看着看着你，我想到了罗马时代。罗马的武士们是否就长得像你？"他笑："我来了，我征服。"模拟恺撒大帝。

我出门的时候，无论去哪里，他都跟着我下楼，在门口拥抱我，再让我走。我说不必了。他说："有必要。"我走下楼，回身看，他总是站在门口，看我走出去，我回身挥手再次告别。

一天他突然说："我几次想起你。我在想你下楼挥手的时刻。不知为什么你挥手的姿势和神情让我感动。你好像是一个孩子，挥手，挥手中有一股纯真。"

我说："我们去动物园看动物吧。"他说："还用去？你眼前不就是动物吗？"

我们坐在我的房子的私人码头上看日落。大河从这个码头上看过去，好像一个湖，我们好像是在湖边。我们拉着手，看日落，静静的，我们都不说话。

一条大鱼游了过来，一条差不多有两尺长的鱼。在清澈的水中，看得很清楚。我说能捞上来吗？他说试试。他拿起码头上放着的小渔网，居然就把这条大鱼捞了上来，好像是一个奇迹。大鱼在渔网里挣扎，我快步跑上去拿相机来照相。可是也许是在岸上呆的时间太长，鱼好像死了。我很担心，把鱼放回河里去的时候，我祷告。

他是彻底的无神论者。对我的宗教意识，他嘲弄我。他认为信仰宗教是一种软弱和愚蠢的表现。他读书，凡是反对宗教的，都挑出来特地念给我听。我并不是基督徒，也不到教堂去。可是宗教是一种安慰，一种自我安慰。我没有那么强大的意志，我需要外界的支持。

他想写一篇关于卡夫卡的论文，所以家里全是卡夫卡的书和关于卡夫卡的论文集、评论集、文章等等。他读德文的，读到好的，拍手叫好，高兴地给我翻译。读到不好的，大声地用德文说话，好像在和人争论。我看他，好像是一个癫狂的人。

醒来，他说："我做了一个卡夫卡的梦。我梦见和一个女人做爱，结果我无法和她分开了，只好叫救急车到医院去，让医生做手术把我们分开。"我大笑。那个女人是谁？"是抽象的——女人而已，不知道是谁。"

我说："我也做了一个梦，也是和一个人做爱。""谁？做得好吗？""不知道是谁，好像是一个中国男人，他很忧伤。我对他说，咱们做爱忘掉忧伤吧。结果也好像没有做。""连做爱都是要帮助别人。"他嘲弄我。

他试图用弗洛伊德的理论解释我的梦。我是反弗洛伊德理论的，因为弗洛伊德的理论是十九世纪末二十世纪初德国犹太文化的特殊产物，不是放之四海皆准的真理或教条。我不认为中国人的心理发展可以用弗洛伊德的理论来阐释。他想了想，承认我是对的。

吃 喝

他做饭,鸡肉沙拉。我坐在桌子前等,拿着他为我做的咖啡。两个人的日子就是工作,锻炼,吃饭,看电视。吃饭,我们在家吃或者到餐馆里去。在家,通常都是他做饭,我们一起吃。然后他洗碗洗盘子。然后他擦擦手,左看右看:"上海男人的事情做完了。"他自称是上海男人,因为他喜欢做饭,显示他的手艺。他的手艺真是不错。

我旅行回来了,给他打电话,他说在写东西,下午六点你过来吧。下午六点我在自己的地方正忙,所以给他打电话说:"我不去了,我也太忙。"可是过了一会儿我想了想,还是去吧。他问我吃饭了吗。我还没吃。他给我盛饭,做好的一锅意大利面条,正等着我呢。

我们都喜欢面条。他喜欢意大利面条。他说他妈妈做的西红柿面条是最好吃的。我说我妈妈做的炸酱面是最好吃的。我们的妈妈都是做面条的能手。

我喜欢吃熟透的香蕉。买来香蕉，就放在那里等熟透了吃。他也如此。他把香蕉都放在冰箱顶上，等香蕉软了再吃。发现我们喜欢以同样的方式吃香蕉，我很惊奇，这世界上还有人跟我一样爱吃烂香蕉啊。

我住处附近的酒店，每个月的第一个星期一有酒类特卖，酒价便宜百分之二十五。我通常会买一个月要喝的酒，装在一个大纸箱里，抱回家来。我喜欢试各种各样的酒，所以买的种类比较杂。他看我买的酒，说："我是法国人啊，应该我去才对。"他的家就在法国的香槟酒产地，他喜欢香槟酒。我喜欢各种红酒。

我们傍晚的时候，常常坐在我租的房子附带的码头上，喝酒看日落。从码头上看这条河，大河如湖，因为两旁是凸出来的河岸，河岸上是树木，看不见别人家的房子，所以我家的码头看起来就像在湖边。我们喝酒，聊天，有时候大湖安静得我们可以听见自己声音的回音。湖畔奏鸣曲。

有的时候我们到他的家里，坐在凉台上喝酒聊天。我们聊什么呢，在这些初夏的傍晚？

我们都爱咖啡，他从早到晚都喝咖啡，我只是早上喝咖啡，下午以后就喝茶。喝咖啡的时候，他要放糖。我从来不在咖啡里放糖，但是咖啡一定要加奶精。我喝热茶,喜欢喝英国的各种茶,因为放了牛奶后味道更好。中国的茶我总是做冰茶喝,不喝热的,因为味道纯正。有一天他正在给我做茶,问我:"加奶精吗?"我那天正情绪低落,生气地说:"你难道就不观察吗?我喝茶加牛奶,只有喝咖啡时才加奶精。难道你从来不看吗?"他看着我,摇摇头,没说话。现在他一做咖啡,就背诵"喝咖啡加奶精,喝茶加牛奶",故意大声,显示他接受了历史教训。

我常常想,每天和谁一起吃饭,是人生很重要的一件事情。

沉醉于彼此之中

一直沉醉于彼此之中是我不写字的理由。

我们沉醉在彼此的身体之中。夏夜阳台上,沐浴着月光与星光,身体如大海,波动如浪潮,激情汹涌如夜。身体是怎样一回事?我们两个人的年龄是一百岁。一百岁的身体确切地知道走向哪里,我们一次一次地奔向浪尖。

汗水湿透了夜晚。"哦,你使我年轻!""哦,你使我美丽。""你的甜玉米的味道!""你的柔软的身体!"我们彼此呼唤,在这样的夜晚。

一个晚上我们都在听音乐,我们先是安静地躺在那里,让音乐淹没我们。沉醉在音乐里,音乐起伏,我们开始以音乐的旋律探索彼此的身体,身体的每一个部分都回应着我们的探索。

情欲是这样的一种感觉，身体好像花朵一样开放。我们最终要在彼此的身体里，感到我们的联系，感到我们生长在一起，我们成为一个身体，一起以音乐的韵律，感到我们自己。

为什么我们这样？因为死亡。因为浪费的时间已经太多了。因为我们已经不再年轻。我们争分夺秒，以身体的全部力量，我们对抗衰老和死亡。

死亡的阴影就在我们的上空。我们和死亡赛跑。你说。

真的吗？我惊异地看着你，可是我感到生命，生命的树如此繁花似锦，我们人到中年，中年的身体如盛夏生气勃勃。

我们成熟的身体，懂得男人，也懂得女人，懂得欲望，也懂得满足。我感到自己的身体如成熟的果实，果实累累，甜蜜而丰盛。这是中年的身体，我们的沉醉。

那天我站在厨房餐桌旁读卡夫卡词典，看卡夫卡和他的女朋友的故事。你走过来说，大声地念给我听听。我大声地读给你听。你的声音让我抑制不住自己。我无法控制自己，无法控制。你从后面抱住我，慢慢滑入我的身体，而我一直捧着卡夫卡，一直在念卡夫卡的故事。

卡夫卡让我情欲奔放，你打趣地说。我仔细打量卡夫卡的照片，他瘦弱的面容和大大的眼睛，让我想到在纳粹集中营里的人。卡夫卡会如何想你的举动？我问。他会庆幸他最终达到了目的。什么目的？

打碎了城堡。我们是卡夫卡的"饥饿艺术家"——我们是爱的艺术家。我们笑成一团。

我们在餐馆里吃饭。我用脚在桌子下抚摸你的身体，感到你的逐渐涨大，和你玩情人之间的游戏。你假装没有感觉，谈论新闻和时事。我觉得有趣，我希望听到你的呻吟，你的渴望的呼唤。我们从餐馆里走出来，走到汽车后，你抓住我，不让我离开，你穿透了我。

我刚到家，要上楼。你过来迎接我，你把我抱起来。你是那么强壮，我可以挂在你的身体上。我用双臂搂住你的脖子，双腿搂住你的腰身，你把我抱上楼去。你常常把我放在空中，以你的身体支撑我，以你男性的部位支撑我。明明是你和你的力量，可是你却打趣我："啊，常春藤，你以为我是一棵树吗，缠在我身上不下来？"

我是如此彻底地把自己给你，毫无保留。我投降和服从，因为我是你的好姑娘。我做一切你要我做的事情，我要给你快乐和幸福。啊，如水一样我用我的湿润洗濯你坚如岩石的身体，如岩石一样你把你的力量给我，让我疲倦而满足。

我们的年龄是一百岁。一百岁的身体可以这样纯粹和沉醉吗？

一直沉醉于彼此之中是我不写字的理由。

他的臂膀

我们躺在地板上，躺在落地窗前，初秋的微风掠过我们的面颊，这是我最喜欢躺着的地方。

我躺在他的臂弯里，他的臂膀强壮有力，在他的臂弯里我觉得安全，好像自己变成了一个孩子。他说，你的头发太多了！我的头发让他觉得脖子发痒。他用另一只手捋着我的头发，把我蓬蓬的头发捋顺了。

一举两得，他说，我有你，既有了女人，也有了女儿。你为什么不长大？快半个世纪的人了，还是一个女孩子，善良到接近痴呆的地步，不知道怎么保护自己，不知道怎么对世界说不。

我不说话，听他说，好像他是我的父亲和兄长——这是我从来没真正有过的。我有过父亲，但父亲没有给我提供过保护；我有一个哥哥，可是哥哥也从来没有保护过我；我多年甚至不知自己有个哥哥，等我们见面时，我们都三十多岁了，哥哥在我的生活中只是一个想象。

现在他把我搂在臂膀中，我觉得安全。这只是一种幻象，我清楚地知道这点。夫妻本是同林鸟，大难来了各自飞，古老而聪慧的中国人说。可是爱我的男人却有这种幻想，他以为他可以保护我，而我屈从他的这种幻想。我们都是弱者，在死亡面前，让他觉得自己强大吧。

你为什么总是有这种孩子气？那种女孩子气？他的眼睛深深地看着我，我觉得自己掉进去了。我闭上眼睛。你不知道我，我一生都为别人遮挡风雨，我非常能干，我轻轻地自语。

我知道你非常聪明，你十分能干，可是你为什么还是个女孩子？你的女孩子气总是让我惊讶。你不经意的时候，常常把手举起来，挡住自己的头和眼睛，好像是害怕有什么从天空中击倒你。

真的吗？我睁大自己的眼睛。我从来没有意识到自己的举止。

你恐惧什么呢？这是一个太严肃的问题。我闭上眼睛，感觉到他的臂膀。多年的体育锻炼，他的臂膀坚硬而宽阔。身体是感觉，我感觉到他。他的坚实的胸膛，性感十足的胸毛，极为矫健的腿。我抚摸他的身体，好像抚摸一座完美的雕塑。

我恐惧什么？衰老和死亡。衰老是怎样的一种形象？死亡黑色的阴影笼罩在每个人的头上。可是想到死亡，都是别人的，我们很少想到自己的死亡。

我再次睁开眼睛，看着他笔直的鼻子，我用自己的鼻子触碰他的鼻子。我怕老，怕我的身体不能再响应另外一个身体，怕我不能再做爱。每次做爱，我都会想这也许是人生的最后一次。

静寂。风轻轻吹过我们的面颊。我听到自己的骨头被他搂紧的声音，好像要被粉碎了。我也常常这样想。他等了一会儿才说。

衰老是这样一个过程，我们仍觉得自己年轻，可是身体会不再听从我们的指挥。一次一个美国女诗人谈到她对衰老的感觉，身体成了零件，不再是一个整体，而每个零件都在出现问题。那一刻我坐在听众席里，一下子就喜欢上了她的诗歌，因为她说出了人人都知道却没有说出来的真理。

这是写作的真谛。

我怕衰老让我的身体成为零件。不过，我笑起来，那位女诗人说，要想永远年轻，就要不停地找年轻的爱人。她的情人，陪她来朗诵的，比她年轻二十多岁。她在朗诵时说，啊，找年轻的爱人，感觉好极了，你们都去找吧！

你看起来那么年轻，我支持你去找。

真的吗？

真的！

我愿意你永远年轻，永远渴望生活。他说。

我渴望被诱惑——被生活、被人生、被人诱惑，我说。

他点点头，你重复的是尼采的话。哦！真的？是的，尼采是这么说的，生活是永远的诱惑。他用德文引用尼采，改成英文说，这也是我的生活哲学。可我不支持你去找年轻的女人，我笑着拍拍他的额头。哦，你是管不了这样的事情的。被生活诱惑不仅是被年轻的女人诱惑，年轻的女人当然很有吸引力，恐怕男人越老，越被年轻的女人诱惑。诱惑，是生命的根本。我甚至被明天诱惑——明天又是新的一天。不过，如果我再去找比你年轻的女人，那我就是犯罪了。你简直还像个女孩子，跟你在一起，我已经觉得自己在犯罪。比你还年轻？他把我再次搂紧：我可不是拐骗幼女的男人。

这样长长的黄昏，我们就这样慢慢地打发时光。躺在彼此的臂弯里，我们是漫游的船只。

让我温习你的回忆

　　我们常常在一起回忆我们各自的过去,好像通过回忆,我们就能把握在我们还不认识彼此的时候我们的生活。通过他的回忆的走廊,我走进他的过去,回忆的光芒照亮他的道路,我看见他是怎样从一个年轻的小伙子长成一个成熟的男人。回忆的星光照亮他的品质,他的性格,他的感情和他对世界的态度。分享我们的回忆,我们再次拥有了彼此。

　　他的回忆中走过很多美丽的女人。萨宾娜——那个高大美丽的奥地利女孩子,他回忆他们做爱,他们在每一个可能的地点,可能的时间做爱,做得他的身体都疼了,有的时候走路都走不了。"那是不是爱情?"他问,并不要我回答。

还有海伦娜，是的，跟海伦娜在一起的最初的日子，也是天天做爱。他问自己："那是不是爱情？"翻看他的照片，全是海伦娜，海伦娜是一个美丽的捷克女人。他至今还是认为，捷克女人是世界上最漂亮的女人：在布拉格的街头，你看到的每一个女人都漂亮。

他有过很多女人。是的，他坦白地承认。他说，你知道唐璜与卡萨诺瓦的区别吗？我说卡萨诺瓦是意大利人，唐璜是西班牙人，他们都是引诱女人的帅哥，对不对？他说，卡萨诺瓦在与每一个女人相好的时候，都是真诚地爱她们，尊重他们。而唐璜是一个花花公子，只为了自己享乐。我说，他们的追求不都是一样吗？他说，从外表上看一样，从本质上看不一样。他觉得从精神上自己与卡萨诺瓦更相近，我说因为你和卡萨诺瓦是老乡。

什么促使你从一个女人走向另一女人？他抬头回答，是对"一"的渴望。渴望与另外一个人结合成为一个人，渴望与另外一个人精神息息相关，与她身体合成为一。一个人是不完整的，只有与另外一个人在一起，才变得完整，才正负平衡。我震惊了：真的有这样的事情吗？难道有这样的"一"吗？

什么使你从女人身边走开？生命中不可承受之轻——某个眼神，某个姿势，某种味道。比如多年前他认识的某个意大利女人，是一位语言教授，出过好几本书，在她的领域内很有名。她非常漂亮，是典型的意大利美人。他们由别人介绍而认识，而通信，而相互玩语言游戏。终于他去她的城市看她,她到宾馆去见他。一见到他,她就把衣服脱了,急于上床。

"我看着她坐在床上,两手捧着她自己的乳房,说,'我的乳房好看极了,你要不要看'。她是那么主动,好像要跳到我的身上。我回答说,'漂亮与否,只能观看者做结论'。我偏要与她玩,就是不上床,看她怎样。她完全不知所措,以为男人不用交流就可以上床。我偏要出乎她的意料。同时,我注意到她的手又短又小,胖胖的,好像两只猪蹄。我一看到她的手就兴趣全无了,我推说旅途劳累,没有精神,就搪塞过去了。"

后来你再见到她了吗?"后来又见了一面。她正好要到华盛顿来开会,顺便到我这里来玩。我去轻轨站接她,她下了车,穿戴得像一个电影明星。我一看她,就想,这样要靠别人的注视活着的人,以为自己是大明星,不是我要的。她穿着高跟鞋。我要带她去公园。我要她换鞋,她偏不换。我就想,那也好,让你尝尝生活的滋味。我们在公园里走了两个小时,我猜她的脚肯定痛得要命。在公园她还是不停地谈她的身体怎么漂亮。我听她说,走得更快,她跟都跟不上。傍晚我把她送回轻轨站,看着她挥手,我想,谢天谢地,这两只猪蹄没趴在我身上过。你看,是姿势,是手势,是某种无法描绘的东西让我从一个女人的身边走开。"

抱　怨

醒来了，他抱怨说："和你一起睡觉真累，你就是睡着了，还得揪住我，抱着我的手臂不放。我不得不夜里常常把你挪到一边去，你知道吗？"我睡眼惺忪："不知道。我是一个睡觉睡得很安静的人，不知道你夜里有阴谋诡计。"

"一个五十岁的人不应该被感情左右。我看你却常常如此。"他抱怨我。我不语，想到感情与理智是否真的这么对立。简·奥斯汀的小说《理智与情感》并没有把两者对立，人可以在两者之间找到平衡。他叹气，大概知道自己说重了："为什么你总像一个孩子？"他常常说我是一个孩子，其实他只比我大两岁。我想到昆德拉。昆德拉说，比喻是危险的，爱情始于比喻。所以我不说话，听他抱怨。

我们终于为一件事不愉快了。我内心忧伤，似乎万念俱灰。他来到我的住处，完全没意识到我是多么悲伤，等他明白我为什么几天没有吃下饭后，他说："我的皮肤比你的厚，心也比你硬。"抚摸着我的面颊，他说："不能这样，你不能这样。如果我明天突然出事故死了，你怎么活？"我听得震惊了，用手捂住他的嘴。我们都刚刚人到中年，如果我们还有三十年，那将是我们最好的三十年，我不许他说下去。他叹气，抱怨："这个世界还有这样的女人，为一句重话而三天吃不下饭，我以为我们还生活在十九世纪浪漫主义时代呢。"

我抱怨："我没有办法，我实现不了你要的那个轻，那个存在中的轻。我太重，承担，责任，照看彼此，这些都是重的词，是我。我不是萨宾娜，我是特丽莎，我没有办法。"他走过来，抱住我："好吧，我从此就管你叫 gravity（地球的重力）。你是把我拽到地上的人。"他把我抱得紧紧的，我动弹不得，只好去亲他的面颊。我说："我不知道你是什么意思，抱得这么紧，让我害怕，还是亲吻你，就不怕了。"他高兴得拍手："kiss my fear away——把我的恐惧亲吻走，真是好句子。"脸上全是高兴的笑，因为一个好句子而高兴。

他常说中国女人不显漂亮。我说那是因为你看得少。前几天我的好朋友来了。他一进来看到我的好朋友，跟我的朋友说了几句话后，就跑到厨房里对我说："啧啧，中国女人，我原来以为只有一个漂亮，现在居然有了两个，真是奇迹。"我不理他。他继续："你们中国女人有一种特殊的风情，一种特殊的温柔的气质。你的朋友的声音好像是糖包着的,甜甜的。"

我看他完全被我的朋友颠倒了,心里好笑。这个家伙!我打趣他:"你不是说我们中国女人不漂亮吗?改变主意了?"他眼睛睁得大大的:"美,是在爱者的眼中,你难道不知道吗?"我摇头:"不知道,我以为漂亮是大家公认才行。"他摇头,说我:"这样脑子不清楚的女人。"

睡 觉

　　夜里，我被什么弄醒了。是他在抚摸我的脸，额头、鼻子、嘴、眉毛、眼睛。宽大的手那么轻轻地抚摸着我，我不敢动，突然地不敢动，所有的温情都在心中翻卷。呆了几秒钟，我用手把他的手推开，假装不知道他在做什么，不想让他知道我知道他在做什么，翻身把脸转过去，继续睡觉。我的腿和脚，在被子下紧紧地靠着他的腿和脚，好像我们的身体连在一起。我又睡着了。

　　下午天阴得厉害。下了课，进门，他还在睡午觉，给我开门的时候，他说还没有醒，回去睡。他上楼了，我也跟着上楼，在他身边躺下，不一会儿，我也睡着了。等我醒来，走下楼，看到他早就起来了，正就着咖啡修改一篇文章。坐在餐桌边他的对面,他做茶给我,"睡得这么短?"他说。"外边天已经黑了。"我朝窗外看,说。"是的,天黑了。"他同意。我们不说话了,看着外边,在室内的灯光映射下,雪花飘飘,好像从天上飘下缤纷的羽毛。他突然站起来,走到我的身后,双臂搂住我的肩。我们就这样四目望外,看弥漫的雪。

那天我们从酒吧里回来,我喝得有一点点多,也许就是正好。开家门后,我走到厨房里,坐在餐桌旁还在说话,不知自己在讲什么故事。他走过来,一把抱住我,把我扛在肩上,大步上楼去,再轻轻地把我放在床上,说:"睡觉吧,明天再讲故事。"我就睡着了,跟着我的故事一起。

从一开始起,我们睡觉的时候,手就总是拉着手,好像一对孩子,在夜里共走我们的黑暗的小路。有的时候,我醒来,意识到我的手紧紧地攥住他的手,好像怕丢了似的。有的时候,我们手指交叉,就那么睡着了,又睡醒了。一次他说:"我们手拉手的时候,我有一种归属感。"我不知该怎么回答这样的话。想到《诗经》里的话,"死生契阔,与子相悦,执子之手,与子偕老"。可是我没对他说这些诗歌。生命和生活都是不可预测的,我不愿设想未来。让我们现在紧靠在彼此的身上,感受到彼此身体的温暖就行了。

我们周末的时候,常常早上躺在床上听广播,听新闻和政论。我支持希拉里竞选总统,只要有希拉里的新闻,我都很关注。他不支持希拉里,因为希拉里曾支持对伊拉克的战争。他说,除非希拉里讲清楚,他不支持一个机会主义者。我们在床上争论政治。我认为政治家就是要妥协,一个不会妥协的政治家,不是我们需要的政治家。如果当年林肯不妥协,就不会有南北战争的胜利。可是他说,政治的底线是道德。一个不坚持道德立场,而要左右逢源的政治家会毁坏民主,因为这样的人的出发点不是原则而是个人利益。

他起床早,我是一个睡懒觉不早起的人,还要睡下去。他常低头下来,吻我的脸颊,说:"睡吧,你睡觉的时候,是那么美丽,我喜欢看你睡觉。"我睡意朦胧,想起了多年前我翻译的玛格丽特·阿特伍德的诗歌:《"睡"之变奏》——

> 我愿意看你睡觉
> 这也许从没发生
> 我愿意看你
> 睡觉。我愿意睡觉
> 和你,进入
> 你的睡眠,当它那光滑幽黑的波浪
> 翻卷在我的头上
>
> 我愿意和你穿过那片透亮的
> 摇曳着蓝绿枝叶的树林
> 带着湿漉漉的太阳,三个月亮,走向你必须下去的山洞

走向你最强烈的畏惧

我愿意给你那银色的
树枝,这小小的白花,一个
将庇护你的字
从你忧虑的梦的中心,从忧虑的
中心。我愿意跟随
你踏上那长长的阶梯
再一次并变成
载你归来的船儿
精心地,一朵火焰
在两只捧着的手中
你的身体躺在
我的身边,而你进入它
轻柔的就像吸进一口空气

我愿意是那空气
在你的身体里仅仅
呆一会儿。我愿意是空气不被注意
又那样必需

大海和我们

我们面对大海,坐在岩石上。大海——浩瀚的大西洋就在我们面前,灰色的海洋,波涛汹涌。我们听得见海鸟的尖叫,夹杂在海浪的喧嚣之中。海涛有规律地涌上来,又退下去。随着海涛的奔涌,大海呼吸着,呼号着,庄严而宏伟。

一望无际的金色的海滩上人不多,在这十月的早晨,阳光下只有不多的人躺在沙滩上。冲浪的人在浪涛上飞翔。我羡慕他们。坐了一会儿,我站了起来,沿着海浪翻卷的海滩走,让海水冲刷我的腿,感受大海的温度——大海很温暖。

怎样理解大海?怎样理解自己面对大海时几乎空荡而

又永恒的感觉？我想理解这一切，可是似乎都不能。我到过很多海边——太平洋、墨西哥湾、南海、渤海……每次来到海边我都觉得失语，不知该怎样表达自己那种悲壮的感觉，好像很孤独，却与很伟大的东西息息相关。我常常会背诵几句小的时候就会背诵的诗歌，可是这些诗歌都不能表达我此刻的感觉。在多次来到海边后，我为什么还是觉得无法表达自己？

我回身望他，他还坐在海边的岩石上呢。他穿着红色的棉绒衫，白色的裤子，坐在那里，看起来就像是一尊雕像。一个五十多岁的男人可以是那么成熟而英俊。我想，他真的很帅，那么帅气的男人。我接着想，他的棉绒衫一定很热，我只穿着短袖T恤衫都感到热。我向他招手。他一直在看着我，他也向我挥手。

这是怎样的感情？在生活了快半个世纪之后，我再次沉醉在对自己喜爱的男孩子的美的惊异之中。再次，像一个初恋的女孩子，在走向他的房子的路上心怦怦地跳，好像怕他拒绝，怕他看到我慌乱的模样。还好，他总是走下楼来，开开门，调侃地说："谁在这里呀？""是我。"我的声音变得那么微弱，在门打开的一刹那，我觉得心都快停止跳动了。门开了，我回归正常。我装作这些感情的波涛没有存在过，故作轻松地进门，脱掉鞋子，走上楼去。

大海在我的身边呼啸着冲过来。我想到小说《觉醒》中的主人公，想到夜晚艾迪娜走向大海的心情。死亡是什么颜色的？死亡的召唤是怎样的？我忽然觉得自己在模仿她，走向大海，那一瞬，我真的想走向大海，走向海的深处。海浪卷住了我，我几乎跌倒了，沙滩在潮水里迅速地失落，我的衣服被打湿了，我意识到自己的疯狂，我站定了，重新走回沙滩，走回他的身边。

我拉住他的手。他站了起来，我们手挽着手沿着海边走，感受到海风的温暖和舒适。迎面走过来一对老年夫妇，他们也是手挽着手，我们四人相望彼此，我好像看见了我们的未来。他说："哦，看他们多么相爱。"我点点头。相爱是什么感觉？和这个人一直走到生命的尽头？

"我怕变老。"我说。他用劲地拉拉我的手："我知道这种感情。""不同的是，你怕一个人变老，是不是？"他停了好一会才说。我看看他。他的头发被海风吹乱了。他接着说："死亡是孤独的。死亡的时候，没有一个人可以帮助你。我亲眼看见了我母亲的死。因为她的死，我知道没有一个人可以在死亡的路上陪伴着另一个人。"

大海就在我们的身边，好像大合唱一样澎湃，我们实在太渺小，我们实在太微不足道。我们死后，大海还会是如此呼号，也会有另外的恋人来，也会如此手挽着手。

我感受到他的大手的温暖。他有一双坚实的大手，那是一双做过农民，也做过士兵，如今仍然喜欢体力劳作的大手。"我喜欢拉着你的手。"他说，"这句话中文怎么说？"我用中文翻译了这句话。他重复，用唱歌一样的汉语，"我喜欢拉着你的手。"在我的耳边，他低声地一次次地重复，"我知道你喜欢我拉着你的手。"他在用中文造句。

也许此刻拉着手就是爱情的真正意义？大海永恒，我们却是匆匆的过客。我们只有此刻，没有来生。

大海还是那样汹涌澎湃着，汹涌而澎湃。

爱干净的男人

他非常爱干净，身上的衣服，习惯地每天一换。衬衫攒到一打，拿到干洗店去洗，裤子和内衣袜子等都在家里洗。我因为天天穿长裙，裙子并不需要每次都洗，所洗的衣服大都是每天锻炼穿的服装和日常内衣，所以我们一星期也就洗一次衣服。洗衣服是他的工作，洗完衣服，他把衣服都整整齐齐地叠好，放在柜子里，他的，放在他的那一边，我的，放在我的那一边。看着那些整整齐齐的衣服，特别是叠得如同手帕一样的内衣内裤，再看看他，他完全不知道我在想什么。我是在庆幸自己的幸运，家中有爱干净的男人，是一个女人的幸运。

周末他在家里巡视，拍拍手，微笑，因为他刚吸过尘，家里干净整齐。他不能容忍乱，就是短裤都要按颜色放在一起。我也不能容忍乱，连床单都必须妥帖。他常感叹："我们太相像了。"我说："你说什么？看看镜子去，你胸前的毛发那么多，我身体可没有毛发。我进化得比你多多了，我们怎么相像？"他听我说进化的结果是毛发的消失，觉得很有道理，"从没想到过这个论点。"他认真地点头承认。

到我的小房子里看看，因为我的书多，书架上，书架顶上，房间里，卧室里，浴室里，到处都是书。书多，都摞着顶到天花板上了，他不能容忍，认为我这样并不是看书的人。书，他说，非借不能读。如果书是你自己的，你就会想我有时间再读，而时间从来都不是你能拥有的，时间是你创造的。如果是借来的书，你就得赶快读，结果你读更多的书。他不存书，书都是借来的，看过后就还。美国有最好的图书借阅制度，他常常一次借二十多本书，很多书是从别的学校图书馆借来的，只有几天，所以他总是在看书，看完后就立刻还。我没有他那么严格的习惯，既看书也上网，书看得慢。他在家从不上网，只看书，所以书看得快。

他在我的小房子里转，摸摸我的书，有的上面有尘土——我的窗子就是冬天都开着，我需要新鲜空气。他拿来海绵，替我擦书，一本一本地擦。我在桌子前上网，看看那个在一边擦书的人，想，中国古代有红袖添香这一说，讲年轻的男性书生，夜里读书，要参加科举考试，读四书五经，都是道貌岸然的文字，要人道德高尚的书，真厌烦，结果一个年轻貌美的艳妆女子出现了，给他添添香——大概做爱做得香气袭人了，真是惬意。"红袖添香夜读书!"虽然这样的诗句我根本不相信。红袖，添香，还是夜里，读什么书？读书白天读不也就够了吗？无非是九本经典，还真至于夜里也要读？想着想着，我笑出声来，如今历史真的进步了，现在是红袖上网，斯巴达武士擦书。他听我笑，转脸看看我，我看看他，得意地微笑，他丈二和尚摸不着头脑。

除了擦书，他也喜欢擦地。我的房子是全木质的，地板是五十年代的木质，油漆有的脱落了，他怀疑不干净，弯下身，用手指头揩一揩，一点尘土都没有，可是他还是觉得不干净，蹲在那里，拿海绵一点一点地擦。把整个地板擦了一遍，连厨房都擦了，我丝毫看不出有变化，他却很满意，给自己斟一杯酒，正要悠闲，突然抬头，大叫起来："看看你的房顶，居然有蜘蛛网!"我也抬头，真的，不知道什么时候，蜘蛛进来在我的房顶靠窗的地方织了一个网。我起身去拿笤帚扫，他阻拦我："有蜘蛛的房子是幸运的，蜘蛛会保护你，不要扫。"我抬头看看这个彻底无神论的斯巴达人："你这是古罗马的迷信吧?"我把蛛网扫掉，想到中国作家许地山的小说《缀网劳蛛》里面的一句话："我是蜘蛛，命运就是我的网。"

他摇摇头，认为我扫得不干净，拿起海绵来，去擦窗子上残留的蛛网。

贫穷的意义

"我是在贫穷中长大的。"他经常说。我不太以为然:"贫穷?在富裕的法国,你们能穷到哪里去?你的贫穷比不上我们的贫穷。"我们好像在贫穷大比赛。"你们吃不饱吗?你们穿不暖吗?你们不是都长得好好的吗?"他不说话,拿出照片给我看。是的,破烂的房屋,他们全家人都站在那个连窗户都是木板钉的破房子前。"这是意大利贫苦移民的生活。我们是外国人,我们是穷人,我们在村庄里打工。"

我看着照片没有说话,心却飞到很远,远到自己的童年。我是在北京城内长大的,在北京城内的西北角整个西直门到新街口一带。在老北京的描述中,这个西部角落叫

"穷西北套"。我们是在"文化大革命"开始后的1967年搬来的。那时这里还完全是古老的北京的模样。街道是泥土的,春天的大风把土都扬起来,夏天的雨水把街道泡了,到处都是泥。院子里还没有水管子,一条街道只有一个水管,家家户户都拿着水桶去接水,家家户户都有水缸。我的童年蔓延过来,贫穷是具体的,是带着裂纹的锯上了的一只碗。那时候锯碗的人就在街上转悠,而我常常跟着他跑,看他怎样用碗钉把碗锯上,好像看特技表演。

我知道贫穷的形象。

"贫穷使我十分热爱母亲。"他说,"我亲眼看见母亲跪在地里干活,她的双膝在地上磨出血来。我记得母亲背着比她自己还大的筐下地。母亲从早到晚都忙碌不停,从来没有休息过。我们很穷,我们是意大利人,移民来到法国。我们是外国人,虽然我们出生在法国,也有法国国籍,说纯正的法语,但是,我们是外国人,被别人看不起。我们家种地,养各种牲畜。我们几岁就都帮父母干活。就是贫穷使我们非常地爱彼此,全家人从来都是爱彼此。"是的,他有一个非常密切的大家庭。兄弟姐妹六人,他和他们每个星期都在电话里长谈,好像他从来没有离开过家庭。

我想到我自己的家。在父亲的葬礼上,我说:"爸爸,您一生贫困,可是留给我们兄弟姐妹的是懂得孝和悌。"孝,是我们所有人的品质。不管我们自己的生活工作多么忙,多么紧张,不管我们的世界观与父母的有多么不同,我们这些孩子们各个对父母都是尽心尽力,没有一个人不尊敬父母,没有一个人不尽力去照顾他们。悌,是我们兄弟姐妹之间。我们都爱彼此,都关心彼此。父亲的两次婚姻,六个孩子,我们虽然是同父异母的兄弟姐妹,但我们之间的爱无法用语言形容,我们之间的爱比爱本身还坚固纯粹。从小我们就照顾彼此,从小到大我们为彼此存在。当需要时,我们就在那里。

我们如此爱彼此以致我第一次婚姻的丈夫说:"你们家人太爱彼此,外人进不来。"如此紧密的小圈子,我常常反思,到底是什么使我们如此紧密。是贫穷吗?是贫穷教会了我们理解彼此,并为彼此存在吗?

"我母亲活着的时候,我可以为她而死。"他对我说。我听了,几乎吃惊,难道儿子和母亲的关系会这么密切?对,他说,一个意大利的儿子对母亲的爱是可以以生命为代价的。我听了默然。在他母亲生命最后的日子里,他们把日益衰弱的母亲接回家,让母亲在家里度过最后的时光。他在母亲的房间内放了一张行军床,用来伺候母亲。他说:"母亲一夜要上几十次厕所,她有一种幻觉,总要上厕所。每次她说要去,我就起来把她抱到厕所里去,常常是二十分钟去一次。"母亲去世的那天,他说,他感到母亲要走了。他走到房子外,想休息一下。站在房子外,天空中突然飞过一架飞机,他仰头看飞机,想到年迈的母亲在生命的晚年喜欢坐在阳光下看飞机。母亲一直到晚年都对飞机有一种小孩子式的好奇。飞机从头顶飞过去,"我突然意识到母亲走了。我跑回房子里,果然,就在那几分钟内,母亲已经永远地睡着了。

我从出去到进来不过两三分钟的样子，我一个人站在母亲身边，握着她渐渐变凉的手，感到她的离去。"

贫穷使我懂得物质的价值和没有价值。也许因为本来就是什么都没有的家庭，我的父母对物质生活毫不在乎，他们好像没有生活在物质世界里。别人家都有电视机了，我的父母不看电视也活得很好，根本不着急去买电视。别人家的电视机都是彩色的了，他们还在看黑白电视。在我们家里，没有跟别人或邻居家比的习惯，甚至没有这种思想。别人爱怎么过怎么过，我们从来都活得很平静。就是这种生活态度让我与后来的丈夫深深不合，我对给家里置办东西没有热情，家里所有的所谓物质大件，我一件都没买过，我甚至连问都没问过。这种对物质生活的无所谓，并不是说我们就对精神生活何等追求，这倒也不是。贫穷使我的父母并没有去追求什么精神，但贫穷使他们对物质很淡然、漠然，正是这种精神传给了我们所有的人。

虽说贫穷可以使人志短，陷入疯狂追求物质的漩涡中，但贫穷使他的生活变得十分简单。他说，"我十分钟内可以打点行装，永远离开这里。"他的房子中各个房间都几乎没有任何多余的装饰，家具都实用而简洁。房间里除了音乐外，连书也没有。书，都是借的。"这里有最好的图书馆服务，用不着买。"他说。我第一次走进他的房子，惊讶生活中竟有人跟我的生活哲学相近。我是一个崇尚简洁的人，房间里的一切都简洁，除了书外，除了墙上的艺术品外，我的一切都简洁得无法再简洁。我几乎每个月都要去捐献东西，自己不穿的衣服，立刻捐献。自己不用的东西,立刻捐献。生活的物质越少越好。我的生活是减数,而不是加数,除了书之外。而书,现在我都开始厌倦有太多。物质太多是一个累赘,人生还是东西越少越好。

也许贫穷使我们变得对生活有一种无家可归之感。我们没有大房子,没有贵重的家具,没有豪华的摆设……我们成了一无所有的人,也成了无所牵挂的人。而生活需要牵挂吗?我不知道。

亲人间

那个周末的下午我们开着车,到外面走走,九月的阳光正好,温暖而不暴晒,可是他显得情绪低落。我问怎么了。他吞吞吐吐,最后才告诉我这个星期他的家人没有给他打电话。

"谁也没有给我打电话,好像他们都不在乎我。"他很伤心。我惊异他的情绪——他是一个不怎么表露情绪的人,难道一个五十多岁的人会因为父亲以及兄弟姐妹一个星期没有给他打电话而这么难过吗?我不太理解,安慰他说:"这有什么呢?你给他们打电话不就成了?我的家人从来都不给我打电话,从来都是我给他们打电话。"

听了我的安慰,他似乎好一点,点头:"他们也许忙。

是的,我的确每个星期都给他们打电话。"转念一想,他又说:"可是,为什么是我,总是我和他们联系,而他们似乎有没有我无所谓?"我回答:"你的兄弟姐妹都有自己的家,他们有自己的生活。并不是你对他们无所谓,而是因为他们个人的小家更需要直接的注意力。"他不语了。

我对意大利的家庭文化不太懂。他们家也许特殊?他们家似乎比一般的以家庭文化为中心的文化,比如中国家庭,还要亲近得多。他的姐姐每个星期都给他打电话,他也同样给她打电话,一打就是半个多小时。他们打电话的时候说法文,我听不懂。我在一旁想,真不知道他们有什么可谈的。通过这样的电话他感到和亲人的密切关系,感到他是那个家的一部分。可是,这难道不是幻觉吗?我与他争辩,一个成年人,他的家是他的小家,而不是大家,你之所以把大家当成家,是因为没有单独的小家。

我很幸运,有一个爱的大家,也有一个爱的小家。可是即使是一个爱的家,我在中国的家人也不给我打电话,都是我给他们打电话。我每个星期都给母亲打一两次电话,多是谈一些无关紧要的问题。我以前也常常给姐姐们打电话,可现在我的电话越来越少,不知为什么我觉得家人在离我远去。我非常爱自己的兄弟姐妹,可却觉得我们彼此的生活越来越隔膜。我们生活在不同的时间和空间里,我今天给姐姐打电话,是她的晚上八点半,是我的早上八点半,我正要出去锻炼身体,而她正在收拾家,准备睡觉了。

我一直以为，亲人之间，只要相互爱着，也许就行了，一定非要知道彼此在做什么吗？他说是。如果我们不常联系，不常告诉彼此自己的生活，我们跟普通的朋友有什么区别呢？亲人就是分享生活中的每一件小事。

我不知道这个观点是否实际，我认为我们成年之后，小家替代了大家，朋友替代了家庭。我的很多疑问，很多问题都是跟朋友谈，听朋友的意见。跟家里人说，家里人能说什么呢？前几天我给妹妹看我的几篇没给人看过的文字，她看了后，回邮件只是"哈哈"两个字，好像在大笑。我完全不明白她是什么意思，打电话问她，她说："说什么好呢？我不知道说什么好。"这就是家里人的反应。我当时想，我只要你为我高兴就行了。你难道不能说："你很快乐，我真为你高兴。"可是我没有跟妹妹说。中国文化里不善于说为别人高兴这样的话。我们更善于批评，而不善于表达爱和快乐。我们可以赞美自己的孩子，却不善于表达为别人高兴的心。也许中国人不为别人高兴，而更多的是嫉妒？

我因此常常很困惑。什么是亲人？怎样做才是亲人呢？亲人间应该是怎样联系和表达感情呢？

关于死亡的浪漫遐想

他说他七十岁的时候就自己结果自己,不给任何人增加负担。

我问:"你怎么具体操作呢?一枪打死自己?还是上吊?还是跳悬崖?"

他沉默不语,也许是无法回答我的问题。死亡是抽象的,但怎样死却是具体的。

很多年来我与死亡天天纠缠。开车的时候,走路的时候,很多时候我想象和试图理解死亡。死亡就在下一个街口等待着我,我警惕地左右环看,我知道下一分钟会发生什么。

他说:"反正我不想活到很老。"

我说:"说这种话的人一定很年轻。据我的观察,等你到七十岁,你会觉得你还年轻,你知道生命所剩无几,你就会更爱生活,比今天更热爱生活。"

他看着我,那双炯炯有神的让我着迷的眼睛看着我,叹气:"我会搬到意大利北部的一个小山村,就在那里终老。"

是的,他每天都在说要去欧洲买一个小房子。我问:"你去欧洲,我怎么办?"他摇头。他不要我跟他去,他要一个人:"你的唯一的敌人是我对孤独的渴望。"

"孤独?"我说,"毋宁说是独自的渴望。"孤独和独自是两个不同的词,在英文中。英文不是我们的母语。

"据我的观察,"他也说,"死亡和生命一样,都是孤独的。在死亡的路上,没有人能陪伴另一个人。"

我看得见那条孤独的道路。

我想象我会死在空中。飞来飞去,如果飞机失事,我就会从空中落下,在那一刹那,我会想:"哦哦,终于来了。"

只有天空陪伴我,谁也不会接住我了。

多么浪漫的死亡!

奖励自己

人生有很多时候要自己奖励自己,自己给自己鼓劲,拍拍自己的肩膀,告诉自己做得不错,给自己一个红五星什么的。要不然,等着别人给你鼓励,好像是看着别人的脸色生活。不,生活是自己的,要学会奖励自己。别人对你的赞美,既要心存感激,可也千万别把别人的鼓励太当回事,因为世界上的人一般是客气的。

我过去曾经试验过一个让我的爱人高兴的方式。那时我们结婚不久,都还非常年轻。他是一个诗人,经常陷于忧郁状态。我为了让他高兴,有的时候回到家就说,我的一个同事看了你的诗歌,很喜欢。他听了,立刻转忧为喜。我则窃窃私笑,想,这么容易一个人就高兴了,让他高兴吧。后来孩子出生,我忙着给孩子编故事,不再编这种故事哄他高兴,还跟他争辩,说干吗要靠别人的赞美过日子?自己赞美自己不行吗?不行。别人不赞美,心里没有底儿,对他来说。

现在我到了别人鼓励不鼓励都自己鼓励自己的年龄了。现在是冬天,天气好一点,我去森林里散步。天气冷,我就去体育房锻炼。锻炼回到家,就自己鼓励自己:今天真不错,消耗了四百卡路里。于是他打开酒瓶,我们互相鼓励。真不错,我们每天坚持锻炼身体,我们健康而快乐,谢谢我们自己照顾自己,喝一杯酒吧。

有的时候,我们就找别的理由。"啊,真值得喝一杯,今天我的课上得很不错!"我说。他就打开酒,庆祝庆祝。我们当然都很努力工作,为这种尽心尽力,来干一杯!他的文章发表了,一年之内发了两篇学术水平很高的论文,在最好的学术杂志上发表的。我们很高兴,跑到酒店,买了好几瓶酒,庆祝这个成果。虽然我们都承认,读他的文章的人,在这个世界上也许不会超过几十个。这个世界上有谁会去读一篇学术论文?不过,他从思考中得到乐趣,这就够了。思考是知识分子的精神自慰,很好,自慰总比自怨自恨强。我喜欢写博客,不管人们读不读——前几天一个朋友给我打电话,先赞美我的博客写得好,然后替我抱怨没有人读我的博客。我笑,我说我喜欢写博客,不仅仅是因为可以以文会友,还因为博客至少让我自己有理由记录自己的感想,自慰是写博客的目的。回到家,告诉他这个故事,他说,为了你的我一篇也看不懂的博客,为了这些愉快的自慰,干杯!

今年我们发明了奖励自己的新方法。每次做爱,我们都奖励自己,在一个蓝色的罐子里放上十块钱作为奖金。我们说,等到年底,看看我们奖励了自己多少钱,用这个钱再给自己一个假期。

我们都很努力地放钱,一个月过去了,他偷偷地数了钱。我抗议,不许数钱,要自己给自己惊喜。现在我回到家,经常一进门看见厨房的大桌子上摆着钱,他要我们努力工作,好把钱放到蓝色的罐子里。这个蓝色的罐子站在厨房的壁橱顶上,好像蓝色的旗帜,给我们很多激励。

他常常看着这个罐子,拍手:"哈,我是一个竞争性的动物。一想到罐子里的钱会越来越多,我就忍不住更努力地工作。"我们大笑。奖金不多,但是,努力工作,辛勤劳动,工作越多,钱会越多,才会有好的假期,他严肃地论证。所以为了未来的假期,我们今日好好地投入。一个奖励自己的办法,给我们带来了那么多的甜蜜和笑声。

在情人节里把这个奖励自己的办法介绍给有情的人,希望人人都奖励自己,去爱,去做爱。我的好朋友们听到我们的奖励办法,都大笑,积极支持我们。现在我和朋友们之间打电话,又有了新的开玩笑的互相鼓励的方法:"啊,好朋友,你今天赶快回家放十块钱奖励自己去吧!"

成为女人

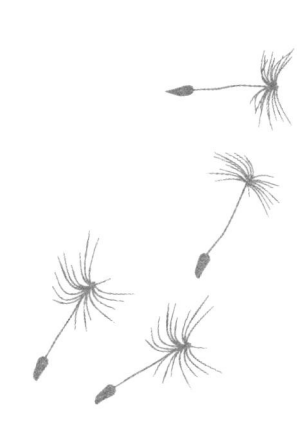

丑女人怎样变成漂亮的女人

我时不时在网上看到这样的文章,说嫁给外国人的中国女人,大部分都是中国男人不要的丑女人。每当看这样的文章,我的信心都遭受打击,忍不住问我的爱人我是不是很丑。得到的结论当然是否定的,要不然我也不问了。信心得到安慰,我就把这样的文章忘到脑后。不过过一段时间我又看到这样的文章,再次被提醒,我忍不住打电话给我的女朋友们。

我先假装抱怨自己老了,马上要难看了,等着我的朋友们回答。我得到的回答常常是:"沈睿,你疯了?你那么漂亮,连某某只见过你一面,到现在还经常问那漂亮的中国女人怎么样。"我一般不太信她们的安慰,因为中国古人提醒我，身长八尺，形貌昳丽的邹忌照镜子，怎么照都觉得自己好看，忍不住问妻妾自己到底是不是很帅，不但他的妻妾，就连他的朋友也都赞美他帅极了。是呀，我能信任我的"妻妾"——爱人和朋友吗？但是她们的安慰很管用，我的焦虑的心安稳地被放回胸腔里。美滋滋地，我觉得自己不难看。

不过有时候我自己也纳闷，在中国的时候很少有人说我漂亮（除了小的时候），自从来到美国，我生活中的每一个人，无论男女，都说我漂亮。毫不夸张地说，由于长期和经常被人赞美漂亮，我都习惯了，好像自己天生就漂亮，忘了自己曾经很不漂亮。

前两天赵吾文君在我的博客上留言说，她看过我出国前的照片，我现在比过去好看了。我看了她的话，微笑，问我自己，啊？我过去怎么那么难看啊？为什么我五十岁比四十岁好看？四十岁比三十岁好看？以此类推，我大概三十岁比二十岁好看，二十岁是不是比我十岁时也好看？想了不到一分钟我就得出结论来了：凡是年轻时长得难看的人到年纪大了都好看。俗话说，人到五十岁，好看难看一个样，我就是一例。

想了两分钟之后，我又得出一个新结论，并把这个结论跟所有觉得自己丑的中国女人分享：中国的丑女人最好都嫁给老外，一是老外看不出中国女人是否好看，二是增加丑女人的信心，让丑女人生活在自己漂亮的幻觉中。我就是一例。

1998年的秋冬我回中国工作，我的一个好朋友正好来到中国，我就帮助这个老外做他需要在中国做的事情。一天黄昏,我们在中国美术馆前面,从书店里出来,要去西单。候在附近的三轮车工人看到这老外,就一窝蜂地过来要拉他。他对中国的什么都好奇,虽然他已经来过中国很多次,对中国够熟悉了。他看到那么多热情洋溢的中国三轮车工人的面孔,忍不住说:"沈睿,我们坐三轮车怎么样?"我摇头。我从小就看帝国主义欺负中国,看到书上画的白人帝国主义者坐在车上,中国骨瘦如柴的工人拉车,我不想成为我鄙视的图画中的人物,所以坚持不坐,宁愿坐出租车。他说:"我来中国多少次,都没有坐过这种车,我们就坐一次,怎么样?"三轮车工人更是热情似火,如果我要不同意,就好像不支持自己的阶级兄弟一样。我无奈,拗不过这两个不同种族不同国家不同年龄的男人的热情,上了车。

上车后,这位工人就跟我拉家常,问老外的年纪和工资。我说我不太知道,我告诉他我的估摸。工资,我说,他大概没有工资,他是一个艺术家。工人不信,接着他问我的工作我的年龄以及和这位老外的关系。我一一如实回答,本来也没有什么可以隐瞒的。他听了我的年龄,说:"啊,您看,我和您的年龄一般大,可是我是做体力劳动的,您是做脑力劳动的,我们体力劳动的人就是比脑力劳动的人显得年轻,对不对?"

我愣了,没想到会听到有人直接对我说我显得老了,同时也觉得很可笑,这个工人的自我感觉可真好。我忍不住把我和这位工人的对话转述给朋友,话音还没落,我的好朋友就大喊:"停!停!停!"他喊的是中文，我吓了一跳，没想到他知道这个中国字，可是因为四声不对，我根本不知道他在喊什么。

我惊讶地问："什么？""停车！"他急急地说。我也只好喊停车。车还没停稳，他已经跳下车了，站在三轮车工人面前，挥着手，好像要打人的样子，气势汹汹地说："我一生还从来没有听过任何一个男人对一个女人说他自己比这个女人好看，从来没有过！你难道不看看你自己的样子吗？你怎么能跟我的朋友比？我的朋友是中国最漂亮的女人！"他那么大声地嚷着，我下车来，走到他身边，听到他这么说，我又气又笑。那个工人完全不知道他在说什么，愣愣地看着这个好像突然发狂的老外。我觉得这个景象很可笑，忍不住扑哧地笑出了声。

我对朋友说："哪里至于啊，这是中国啊，中国男人啊，你别那么生气好不好？"他一摆手："我不坐这样的人的车！"径直往前走。我说："那我们也得付车钱啊！"他走了好几步了，回过头："车钱我也不付！这样不尊重女性的人，我绝不付他钱。"我对伟大的觉得自己很年轻的工人说："老外不坐车了。"工人问："为什么？"我说："因为我把你的话翻译给他，他生气了。"三轮车工人不解："生什么气？"我说："因为你说你显得比我年轻，他不爱听这样的话。"三轮车工人完全一头雾水了，说不出话来。我拿出钱，给他车费。工人说："说好了三十块钱，你得给我三十。"我虽然想和他讨价还价，因为我们还没有走多远，但是看到我的朋友走远了，无心恋战跟他讲价，就给了钱，追上我的朋友。

他还在生气。我说:"这值得你生气吗?"我的朋友说:"一个男人敢这样跟女人说话,沈睿,中国女人怎么能听之任之呢?"我大笑:"我是女权主义者啊,所以我斗争。"他停了下来:"我真的很生气,我为你生气,你怎么不生气?""我习惯了。"我说。我习惯了,从小长在一个觉得女人没有男人聪明好看的地方,我习惯了男人觉得自己比女人好看和优越,我过去也觉得那些男人都聪明能干和好看,我的第一个丈夫就曾经对我说:我比你好看。我对他使劲地点头,相信他比我好看,也比我聪明。

三十五岁生日的时候,我还在北京。那个冬天的傍晚,一个爱我的男人推开我家的门,带来一个不圆的巧克力蛋糕。他对我说,他跑了好几个地方才买到烤蛋糕的材料,烤了一天才烤好这个蛋糕,可惜不太圆。那个冬天,他还给我一篇篇的诗歌,那些英文的拙笨的诗歌。我就这样掉入爱情,从此成了一个漂亮的女人。

怎样从丑女人变成漂亮的女人?

每个被爱的女人都是漂亮的女人。

女人的美丽

被爱的女人是美丽的，是对她的爱人而言。中国话说"情人眼里出西施"，英文中说"爱是在爱的人的眼睛里"。殊途同归，中国人和西方人对爱与美丽的理解都差不多。我在想丑与美的关系的时候，把美与爱连在一起，这几天我一直在想这个问题，意识到我前一篇小文的结论很有局限性，甚至是错的，我自己的经验就证明我的结论非常片面或错误。

凯伦是我所在学校的秘书。她喜欢穿很花的连衣裙，使她显得好像生活在女人还是花朵的上一个世纪。刚认识凯伦的时候，我对她没有什么特殊的印象，一个普通的美国中年女性而已。时间长了，有一天我偶然听到凯伦和其他人开玩笑,说自己已经七十三岁了,从去年起已经不再潜水了。我才回过头看凯伦,突然意识到从我认识凯伦的那天起我就把她看成是中年人,从来没有想过她其实比我母亲还大一岁。我仔细打量凯伦,仔细看来,她的确像七十多岁的人了,可是她的精神和神情从来没有给我老年的印象。我不知道这是为什么。后来我跟凯伦熟了,慢慢地了解凯伦,才知道凯伦保持年轻美丽的秘密,那就是有自己生活的意义。

凯伦结过婚,后来离婚了,离婚的原因,是丈夫与自己最好的朋友有了关系,双重背叛把凯伦送到绝地。我很难想象凯伦当时的心境。我知道的是凯伦从此再也没有结婚,就是一个人过。一个人过的凯伦决定好好地照顾自己。她对我说她四十多岁后才开始认真地训练潜水。从年轻时她就想做潜水运动员,可是结婚生孩子等等,她没有时间。离婚后,特别是孩子成年后,她决定以潜水打捞海底的蚌壳作为业余爱好。于是她每年都利用假期到世界各地去潜水。她有一张地图,标着她潜过水的海岸,我看到世界五大洲的主要潜水海岸她几乎都到过。她收集了很多蚌壳,每年还到世界各地参加蚌壳展览比赛,展示自己打捞和收藏的蚌壳。

凯伦对自己的蚌壳爱得厉害,家里摆的全是各种各样的蚌壳。给我看她的蚌壳时,她拿来很多关于蚌壳的书。我看着那些书,很吃惊,从来没想过蚌壳里有这么多学问,世界上有这么多人对蚌壳有这么多研究。凯伦是一个秘书,我没有想到她其实还是一个蚌壳专家。看着凯伦，我理解了她不老和美丽的秘密。

生活的意义不是别人给你的，甚至不是爱情给予的，虽然爱情是人生活中重要的一部分，却不是最主要的部分。有自己生活意义的女人，不管什么年龄，有对生活朝气蓬勃的热爱。乐以忘忧，不知老之将至的精神，这才是美丽的根本所在。

年轻的时候我们可能更多地沉浸在爱情之中，随着年龄的增长，人生的扩大，生活的意义更为丰富，不把生活的意义放在别人身上，而把意义放在自己的身上，有自己的生活目的和意义，是我见过的许多美丽的女人之所以美丽的原因。

所以我改口说，女人的美丽在于她对自己生活意义的创造，在于她自己，不在于爱情。

女人的身体

月　　经

昨天夜里我被痛经痛醒了。小腹绞着疼，好像千万个结，纠缠在一起，疼痛源源不断地滚动出来。我蜷缩着，身体的其他部位好像在缩小，疼痛成为身体的全部标志。我还想忍着，把手放在小腹上，好像捧着疼痛的地方，好像呵护着它，好像这样能减轻绞痛。这样的疼痛，每二十五天一次，已经三十六年了。年轻的时候，痛经不是这样厉害，这两年越来越厉害，到了不吃药不行的地步。如果那天上课，我会连站都站不住。

英文中痛经这个词语是 cramps，这个词大概与 cram 相关。cram 意思是挤压，填满了东西般地难受，匆匆忙忙地要做一件事，匆匆忙忙地准备考试等等。我想，cram-cramps 这些词真形象，因为是挤压性的疼痛，是揪成一团的极度不舒服。我在脑子里试图想 cram-cramps 这些词的各种用法，好像通过举出这个词的用法就可以缓解我身体的疼痛。

躺在床上，正是夜里，听得见窗外的风声，让我觉得外面非常寒冷。他在一旁那么安静地睡着，而我的身体却如江海翻腾，疼得我无法入睡。我知道自己应该起床，下楼去拿药吃，可是我身体蜷曲着，小腹好像是源泉把疼痛送到全身。我继续缩着，好像越缩就越可以减轻这种极度的不舒服。我想，男人没有这个疼痛的折磨，虽然他们也有其他的折磨。我试着想一个男人的身体会怎样感觉。他们小的时候该怎样发现自己的身体呢？男孩子的第一次遗精会是怎样感觉的？男孩子怎样发现手淫？手淫对他们的心理有怎样的影响？我想自己应该去看看这类的书。人人都说女性是身体的，其实男性也一样是身体的，只不过我们的文化对男性的身体重视得不够。

我还清清楚楚地记得第一次来月经的情形，我相信每一个女人都记得自己的第一次。小学五年级开始，我的很多同学就陆陆续续地有月经了，上体育课的时候，她们因为"身体不适"而不去操场里站着或如我们没有不适的女孩子们一样乱跑，她们好像有种莫名其妙的特权。我因为发育晚，又生活在革命的清教时代，对自己的身体所知无几，对其他人的身体也一无所知。对这些不上体育课的女孩子，我觉得让人有点恼怒，可是也没有什么恼怒的理由。记得有个女孩子，她从来都不上体育课，隐隐约约地我听说她有妇女病。妇女病是什么病，我也不知道，但是她属于那种在体育课上可以坐在教室里呆着的女生。我由衷地觉得她们神秘，几次在她们聚在一起说话的时候想挤进去听一听，但是她们看到我，立刻不说话了，好像我是一个异类。我蔫蔫地，知道我不是她们群中的，可是怎样成为她们群中的一个呢？

我小学最好的朋友，现在她是一个著名的心脏专家了，一天告诉我，她也不能上体育课了。我惊异地问，到底为什么她们都不去上体育课，因为我也不喜欢体育课，我怎么能像她们一样？她大为吃惊地说："你难道不知道，女孩子都会'倒霉'的！""倒霉"我当然隐隐约约地听说过，可是从来没有人跟我正式说过这种事情。她给我解释，女孩子的身体会每个月都出血，出血的时候，就不能动，越动出血越多。我听了吓了一跳，问她："你出血了吗？你倒霉了吗？"她不好意思地点头。我仔细地看她，她圆圆的脸，没有什么变化，好像"倒霉"也不是一个特别可怕的事情。她还对我说，班上某某、某某、某某某都"倒霉"了，这是她们都不上体育课的原因。她的话让我茅塞顿开，我一下子懂得女孩子是分成两类的，一类是已经"倒霉"的，她们不参与体育活动了，也不长跑了；一类是我这样的，还浑浑噩噩没开窍呢。

我就这样不开窍地度过了小学。我的好朋友们都长高了，我还没有。因为是"文革"期间，我们的学期倒来倒去的，小学上了六年半，

1972年寒假后开始上中学一年级,寒假前我已经去学校报到了。寒假期间我沉浸在对小学的留恋中,现在想起来我是一个天生的怀旧派,小学刚毕业就开始怀旧。寒假的时候我决定写一本关于小学时代的小说,拟定了题目,在一个横格练习本上写起来。

过年那几天,父母带我们去看亲戚。我父亲的亲戚都在东直门,我们通常都留宿大爷、叔叔或姑姑家。记得一个下午我在小姑母家,小姑母家有一个小院子,我躺在北屋东房的一张大床上睡午觉,外屋是我的姑姑、婶婶们,还有小姑母的婆婆,她们在打扑克牌。我躺在那里,不知什么时候醒来了,看看窗户外,是阴天,听外屋,是一群长辈们在聊天。

我在沈家孙子辈中是第八个女孩子,毫不起眼。我听她们谈论我的六姐,"英子"已经"来了"。小姑母的婆婆感叹:"难怪英子看起来那么水灵,不像八丫头,那么干巴巴。"我心里一沉,她们在谈论我,我就是干巴巴的八丫头。我心里沉得那么厉害,突然我很讨厌小姑母的婆婆。其实我从来没有喜欢过她,她长得就像书上的地主婆。听母亲说她年纪轻轻就守寡,就姑父一个儿子。小姑母结婚后,受够了她的气。我喜欢小姑母,听说"庆娘"尽给小姑母气受,我早就不喜欢她了,何况她这样说我!

我躺在那里感受"水灵""干巴巴""庆娘"这些词。听到庆娘把干巴巴三个字与自己联系在一起,我觉得很羞辱,意识到原因是我还没有"倒霉"呢,没有"倒霉"的女孩子干巴巴的,这让我吃惊不小。

我同时想,她怎么能被叫作"庆"娘呢,这个人这么不喜欢我,简直毫无可"庆"之处,连她的声音都让我讨厌。我听她继续说:"每个女人都会来整整三十年,一年也不差,整整三十年。"她好像是来月经的绝对的权威,其他人都应和着,我听见她们也在说牌,她们在玩打百分呢。

三十年,这漫长的三十年摆在我面前,我连门还没有进呢!她还在继续说:"我年轻的时候,来月经,寒冬腊月的,也得去井台上洗衣服,冻得我月经都停了,所以你们这些人别让你们的闺女冬天洗衣服。"玩牌的女性长辈们都答应着,我的心中却涌现出庆娘穿着黑棉袄在井台洗衣服的画面。庆娘从来都穿着黑衣服,就是绸缎的,也是黑棕色的绸缎,没见过她穿别的颜色。这个画面如此强烈,时隔三十六年,我都记得那个下午自己心中的庆娘在冬天洗衣服的画面。

不水灵的我第二天就回家去了,心中充满了被庆娘叫作"干巴巴"的创伤。这个创伤十分深刻,恐怕只有自己才知道多么受伤害。回到家的第一个早上醒来,父亲已经上班去了,母亲也上班去了,家里只有我和弟弟妹妹。我躺在床上醒来后,立刻意识到什么发生了,摸摸身下,湿漉漉的,我以为自己尿床了。可是,不像,我仔细看自己的手,是血。我意识到,我"倒霉"了。该怎么办呢?母亲从来没有跟我谈论过这样的事情,我不知道自己是否该起来,如果起床后,血继续流怎么办?如果我不起床,我想,至少我不动,血就不会流出来了,也就没有人知道了。我就那么躺着,回忆庆娘的话,想,我也许从此不再干巴巴的了。我在床上漫无边际地想着，对身体下的血不知该怎么办。躺在床上，躺了多久，我不记得，后来我想，还是得起来去洗床单，不能让母亲发现褥子脏了。

我起来了，夹着腿走路，担心腿一松，血就流出来。我把褥子拿到水管子那里去洗，天寒水冷，血一洗，就洗掉了。我心里很高兴，没想到血这么容易洗下去。我找出烘笼支在火炉上，把褥子放在上面烤。那个时候家家都有烘笼，铁丝编的，通常架在火炉子上，特别是冬天，烘干衣服用，现在这个东西都不存在了吧。

褥子还没彻底干，母亲中午就回来了，看到烘笼，问我怎么了，我支支吾吾地坦白了。她听了，给我三毛钱，让我去合作社买手纸，买一个卫生带。她是否安慰我，我不记得，好像没有。她似乎没有说什么，既没有跟我解释月经是怎么回事，也没有跟我谈注意事项。她好像把我打发到合作社买东西，就解脱了。时过多年，我现在明白，当时母亲不知道该怎样跟我谈这个事情好，对她来说，谈论女性的身体是一个禁忌。她是这么长大的，面对她的女儿成为女人，她不知道怎样反应才好，不知道说什么好，最好的办法是把我打发走，不面对这个事情。

我拿着钱，也觉得解脱，母亲已经知道了，没什么可怕的了，她也没有骂我把褥子弄脏了，我觉得轻松，到小卖部买了卫生带，一毛一分钱，买了手纸，圆筒型，我不知道可以买已经叠好了的长条形的。回到家，我自己把手纸叠成长条，放在卫生带里，戴在身上。卫生带是胶皮做的，穿上，走起路来很不舒服，能把大腿内侧的皮都磨破了，特别是夏天极为难受。

第一次月经与我上中学同步。我开始了自己的上体育课请假等等，很庆幸自己也有理由不做体育锻炼。胶皮的卫生带总是让我难受。我就这么难受着长大了，长高了，越长越高，高过我的好朋友了。人们都说，晚发育的孩子长得高，是的，我成了一个高高的女孩子。我也学会了用柔软的布做卫生带。我看书，懂得女性有月经的道理。我从来没有跟母亲讨论过月经等有关女性身体的问题，她也从来没有跟我说过，好像这些问题不能讨论，好像这些都是不该讨论的。

高中毕业我下乡当知识青年了，我发现村里的女孩子有了月经后不知道怎么办，她们把脏布放在腿间，干活的时候，布掉下来，血流在裤子上。有的女孩子干脆多穿两条裤子，血都渗出来。我决定教当地的女孩子怎样做卫生带，怎样照顾自己。记得一群女孩子在我们的宿舍里坐着，手里传着我给她们看的卫生带，讲怎样用一尺布可以做两个。洗的时候看起来像个手绢，搭在外面也不难看，叠起来就是一个卫生带。这些女孩子很吃惊，不好意思地传看那个崭新的手绢式的卫生带，她们学着做，做了后给我看。她们的母亲从来都没有教过她们怎样做，我知道她们的母亲也不知道该怎样做，如同我的母亲一样。我觉得自己是知识青年，应该帮助农村的女孩子。我还教她们把用过的卫生纸都烧掉，不要扔得哪里都是，不好看，也卫生。从那个时候起，我不再为有月经感到羞愧了。我可以跟女孩子谈论月经和月经期的卫生了。有的女孩子告诉我，月经前她们会肚胀，会放很多屁，有的女孩子脸上总是起痘。下乡的时候，我带着《赤脚医生手册》，我把自己念书得来的知识告诉这些女孩子们，好像自己在传播真理。

后来我成为母亲了。我越来越发现自己的情绪与月经周期很有关系。月经前十天左右我的情绪开始低落，莫名其妙地低落，越来越什么都不想做，好像成了哲学家，开始质疑生命的意义，觉得生命是浪费。我也觉得自己最亲近的人很不顺我的意，为一点小事，我都觉得好像极不顺心，觉得生命荒废，人生是一个荒原，荒凉而浪费。我的月经前情绪紊乱体现出忧郁症的症状，我变得情绪烦躁，把丈夫的不好想了一大堆，孩子也让我觉得是个负担，死亡成为唯一的解脱。这样的感觉在中国时有，到了美国我还是有。

在中国月经前情绪紊乱不是一个值得找医生的病，情绪不好，不好就不好，忍着吧，没有人把女性的心情问题当成大事。我跟好朋友诉苦，朋友们都说，她们也同样感觉，她们都看医生。在美国，月经前情绪紊乱是很通常的一个病，女人都会去看医生，医生会有药，吃了就好了，就调整了。我无奈，被迫去看医生。

医生听了我诉说，说我的症状很典型，是PMS，经前综合征。女性荷尔蒙分泌周期自然影响我们的心情，我们每个人都是化学的产物，身体内化学成分失去平衡，引起情绪紊乱，没有什么可以羞愧的。他给了我药，我吃了，就觉得没事了，心情马上就平静下来。我每个月都坚持吃药，虽然有的时候我也会忘了，情绪仍会袭击我。

美国是一个高度重视心理健康的社会，我常常开玩笑说这里什么心情都有药。心情忧郁，有让你高兴的药。过度兴奋，有让你平静下来的药。月经前情绪紊乱，有专门的药。我感谢这些药，让我度过了很多本来会是非常黑暗的时刻。我意识到一个社会对人的心情的关注，是这个社会进步的标志。在中国PMS的药不知是否普遍，女性们怎么度过那些情绪低落的黑暗时刻？

我推荐给每个女性，如果你在月经前觉得很不高兴，就去看医生，就吃一点药吧，调节你身体内的化学成分，你会感觉好得多，会对自己好。不要不把PMS当成一回事，好像它是什么禁忌的事情，好像不重视它就是这个症状不存在。PMS是女性身体正常的化学反应，忽视自己的心理健康不是爱护自己，每个女性都要理解自己的身体，自己的心理，学会爱自己，照顾自己。我也想对每一个男人说，如果你的母亲、妻子有PMS，要理解她们，鼓励她们看医生，不要贬斥她们的情绪反应，不要以为你没有这种反应，女性的反应就是错误的或不正常的。

爱自己，是的，我终于推推正在熟睡中的他："帕皮诺，帕皮诺，我肚子疼死了，你给我拿药来好么？"他醒来："好。"他下楼，我听见他开医药柜，拿出药来，听见水在流，他在放温水。他上楼来，把药给我，把水给我。我吃过药，把水都喝了，躺下来，他也躺下来，搂住我："会好一点么？""嗯。"我点点头，慢慢地睡着了。

乳　房

我也喜欢丰满美丽的乳房。看见杂志封面上、电视电影上的丰满的乳房，又高又挺，我也忍不住常常多看两眼，心里很羡慕，真希望自己的乳房长得像杂志上一样！特别是杂志上的黑人女性的乳房和臀部，我觉得更漂亮得迷人，不知道男人怎么看，我看那些圆圆的挺拔的美丽的乳房，高高翘起来的屁股，都看得心旌荡漾——心里的旗子都摇晃起来，我真喜欢这个成语！

可惜那些乳房都是图片上的。除了我自己的，现实中的乳房，我几乎很少看到赤裸的，更别提那时刻都高耸的了。我们都知道，乳房高耸的时候，一是在做爱，身体反应极度强烈，不过这种强烈一般不会持续很长时间；二可能是为了照相而用特殊的化妆方式造出来的；三是填充的，填得时时刻刻都高耸着。套用俄国老托尔斯泰写的关于婚外恋的一个故事的第一句话的模式——那句话太有名了，我想都成了语法例句了——"高耸的乳房都是相似的，不高耸的乳房各有各的不一样。"图片上的女郎高耸的乳房大都相似：圆满、青春、坚实，看起来都觉得有手感，想象着摸起来一定也让心里的旗子都使劲地摇晃个不停——啊，心旌荡漾。

现实中每个女人的乳房都是不一样的，有大的，有小的，有圆的，有尖的，有松软的，有坚实的，与每个人的身体，每个人的面容一样，乳房也是每个人都不一样的。现实是，我们每个女人的两只乳房都是不一样的，不但大小不一样，感觉也不一样，除了可能一只比另一只大，往往一只比另外一只敏感。世界上没有一个女人的两只乳房完全一样，这是真理。（我有生以来第一次宣布我现在说出的是真理！）

湖北的吹笛君在我博客上留言问，女权主义怎样定义乳房？我不知道怎么回答好，因为我不知道乳房是不是可以定义为女权主义的，资本主义的，封建主义的，就如同身体，我们能定义我们的身体是资本主义的，社会主义的吗？好像不行。但是，真的，我们的身体被却各种思想定义，被规定，被驱使，可是还是很难用一种政治主张定义身体。加州伯克利大学女权主义思想家朱迪丝·巴特勒（Judith Butler）的一本书的题目就是《身体至关重要》（Bodies That Matter），她是西方闻名的"身体政治"专家。我把书从架子拿下来，想用专家的话回答吹笛君，可是，重读几行，巴特勒抽象枯燥的语言让我觉得她的思想都无味。我常想，一个人要有真思想，就不必拿枯燥干巴的语言吓唬人，因为真思想是让人懂的，启发人看世界有新的目光，不是让人糊涂的。思想可以复杂，但是必须同时可以讲得明白，我不想转述巴特勒的话，让吹笛君更云里雾里。

我只好自己想，从我自己考察起。我为什么喜欢丰满的乳房？美丽丰满的乳房代表了生命和青春。我热爱生命和青春，看见美丽的乳房也爱不释眼，这是解释一。转念一想，谁说丰满的乳房代表青春？中国古代人就不这么想，现代的非洲有些部落也不这么想。如果我生活在古代，不往远了说，就说在清朝吧，如果我从来没看见过赞美乳房丰美的图片，从没听过大乳房比小乳房美的教育，如果我就是成天在深闺里阅读孔孟之道，读李清照的诗歌，我是否会特别喜欢丰满的乳房或对自己不丰满的乳房不满意？不会。我一定连这个概念都没有。如果我生在那个年代，我更重视的是自己的小脚。我会羡慕三寸金莲，不会羡慕十寸的大乳房，这是肯定的。结论一：乳房（身体）美的概念和形象不是先天的，而是后天获得的。结论二：乳房（女性身体）美的概念和形象是变化的，不同的时代有不同的理想。

我继续想，如果说男人看见女人丰满的乳房觉得性欲和情欲共同迸发，因为丰满的乳房代表生殖力，也许男人本能地对传播自己的种子感到激动，那为什么我看见女性美丽的乳房也觉得吸引人呢？设想，如果我生活在1850年左右的英国（相当于中国的清朝），我会觉得穿箍身衣把腰勒得越小越美，我会动不动就晕过去，显示我很女性气，很脆弱。因为那个时代掌权的英国男人们认为女性应该如花朵一样美丽和脆弱。我一定会不辜负他们的期望，把自己变成一个蜂腰脆弱的女性。至于脆弱是不是我的本质都不重要，因为本质不是先天的，而是构建的结果。结论三：身体是实践权力的场所，特别是女性的身体，在父权制社会里一直是男权制实施权力的场所。

中国社会过去女性大门不出，二门不迈，缠足、西方女人的勒腰等都是男权制权力对女性身体进行的种种统治。结论四：身为女性的我并不先天免除父权制思想，相反，我也是这个社会文化的产物。我不但接受占统治地位的有权力的人的思想(具体的,男性现在以女人乳房丰满为美),我还积极地参与并支持这些人的思想——我也认为丰满的乳房性感十足,爱不释眼,并曾用这种眼光看自己的乳房,为自己不丰满的乳房感到羞愧。结论五:很多时候女性可能比男性还更强烈地愿意有大乳房(符合男权制对女性价值的要求),因为可以被男人渴望,甚至可以通过被男人渴望而感到自己的价值和权力。

我分析嘲笑大乳房崇拜,是否我就免除了这种崇拜?是否我手里就攥着独立的女权主义真理,不受影响?不是的。身体美的标准不是某个人一个早上突然心血来潮建立起来的。如前所述,身体美的概念与时代密切相关,与社会权力相关,这些概念的建立是通过非常复杂和具体的方式在每一个人身上实践的,每时每刻都在通过非常小的事情实践。这些实践从一出生就深深地铭刻在我们的心理上,而且不停地被铭刻,我们都逃脱不了社会和时代的空气。唯一的区别是,因为我受的教育,我很自觉地意识这个问题,对这些问题有强烈的敏感,有一定深度的反思。我个人么?我既欣赏丰满美丽的乳房,也为自己不丰满的乳房自豪。我不必活得非要实现别人的理想。

我想生活中的爱人亲人朋友对我们的自我价值有很重要的作用。在这点上,我的爱人可以是男人们的榜样。我是一个幸运的女人,因为我生活中的男人们大多都是好男人。在家里我时常开玩笑,宣布有一天我有钱了,要去做乳房增大手术。(我对这样的手术没有意见,如果这样的手术使一个女性对自己更有信心,虽然我不相信乳房大信心就会增加很多或魅力就会增长很快，女性的信心和魅力是另外一个话题。)我得到的回答常是："你疯了？你的乳房完美无缺。"看看说这个话的大男人，我的眉毛扬起来："你有眼无珠吧？我的乳房怎么能算完美？你是不是需要换副眼镜？"他说："你别侮辱我。你以为男人都千篇一律？都跟着色情杂志一起崇拜大乳房？那是不懂得女性美的幼稚男人的幻想。我就喜欢你的乳房。在我看来，你的乳房完美无缺。"面对这样的丈夫，我还能说什么？我只能希望每个女人都有这样的男人在她们的身旁，希望每一个男人都对他们的妻子或爱人说这样的话。

我的一个朋友，他现在是欧洲某大学汉学系主任，我认识他的时候，他还是学生。1993年他在中国，天天到我家来取信，因为他让人把信都寄到我这里。我们经常天南海北瞎聊天。后来他去美国四个月，在那里认识了他的爱人，回来后跑到我家来，对我激动地讲他的爱情故事，我还帮他给他的爱人起了一个中国名字。他谈到他爱她的一个理由就是："她没有大乳房，不让我亲着她的乳房以为自己在亲奶牛。"我听了大笑，没想到一个西方人是这样看大乳房。2002年我回国，他正好也在中国，我们一起和很多人在北大附近吃饭。席间，我的好朋友女诗人程小蓓捅捅我，对我悄声说："他真好。你知道吗，他的女朋友得了乳癌，双乳都切除了，他还是那么爱她。要是中国男人，早就把女朋友踢了。"我看看他，没觉得任何惊异，这就是好男人。一个男人爱一个女人，恐怕不仅仅是爱她的乳房。

如今乳癌成了一个通常的病，我们生活在癌症的时代。每个四十岁以上的女性都要爱护自己的乳房，一定要做年检，每个月都要自我检查，细细地摸摸自己的乳房，为自己负责。作为女人，无论你的乳房什么样子，大小如何，相信你的乳房都美丽，这是大自然给你的乳房，对你来说，你的乳房就是完美无缺的，不让任何男人打击你，如果你生活中有这样的男人的话。好好地享受你的乳房，好好地爱护你的乳房。而男人们呢，能让你抚摸、亲吻、表达你的爱的女人的乳房，就是完美无缺的美丽的乳房。这也许能算作我的女权主义的乳房观念吧。

阴　　道

"阴道"这个词是一个让人说不出口的词，是一个让人害怕的词，是一个几乎是禁忌的词。阴道是女性身体的一部分，可是我不知道有多少人或女人可以坦然地在公众面前说出这个词而不觉得不安或迟疑。著名的话剧《阴道独白》的作者伊芙·恩斯勒在一次采访中说，在世界上的各种语言里，阴道这个词都让很多人害怕，好像说出这个词就玷污了空气。看她的采访，我点头，我知道，我也曾这样感觉过。

为什么"阴道"比"头脑"或"杀人"或"强奸"这些词还危险？为什么说出阴道这个词就脏了？为什么这个词以及关于阴道的知识让人望而生畏？阴道是女性的性器官，是实现人类延续的温暖通道。中国的很多女人在二十一世纪仍不知道她们的阴道是什么样子,也不知道阴蒂的功能,不知道怎样给自己快乐,她们不敢抚摸自己的阴蒂或阴部,她们觉得如果这样做,就是一种"犯罪",有的人还在那里提倡"守贞"。

两年前我在北京的"书女书店"遇到一个三十岁出头的年轻女性,她已经结了婚,也有了孩子。我们谈话只有几分钟,她突然问我:"沈睿,我有一个问题,仅仅是性交能否到达高潮?"我毫不犹豫:"达不到,除非你同时触摸阴蒂。女性的性高潮只能是摩擦阴蒂的结果。我还没有见过一个仅仅通过性交就达到高潮的女人,虽然有些女人称她们有阴道高潮。"这个女孩子惊喜地拍手:"沈睿!你是多年来唯一的说出我的感受的人!"我说,"我说出真实,因为我曾教女性研究入门课啊,我怎么能不说出真实?"

说出真实,说真话,认真而诚实地看待女人的身体,注重提高女人的身心健康水平,这是女权主义思想的出发点。西方女权主义已经打破了西方社会、历史和文化为女性设置的种种障碍,但是,在性这个领域,在《阴道独白》大声地说出了"阴道"这个词十多年之后,女性在成为自己身体的主人这点上并没有取得让人满意的进步,而传统的阴魂时时聚力重来。由于美国的宗教传统和文化,很多女孩子是在宗教和传统思想的氛围中长大的。美国的中小学虽然都有生理以及防治艾滋病教育,但是女孩子对身体的了解并不是上了一门课就能解决的。记得我所在的一个大学给新生考试,在谈到男女区别上,居然有61%的人认为女性比男性多一根肋骨,因为男性的那根肋骨,上帝拿去造了女人。我当时对这个结果十分吃惊。让我更吃惊的是那个学期我正好做"妇女研究入门"一课的助教。在这门课上,我第一次发现了阴道。我跟着我的学生一起,突然醒悟过来一样看着女性的阴道。

"妇女研究入门"一课有一个章节专门讲女性的身体。那时《我们的身体,我们的健康》一书已经出版二十多年了,连中国都已经翻译了这本书,对于女性的身体这样的题目,我觉得自己不会有任何问题。

那天我坐在教室的后面等上课开始。教授进来,几句开场白之后,她就开始放幻灯片。我看着幻灯片,愣了。原来她打的幻灯是女性阴道的照片。我的身体一下子紧张地绷起来,虽然看过《我们的身体》这本书,但是我还从来没有看过,更没有在大庭广众之下和别人一起看过各种阴道的照片。

教授当然知道这个效果。全教室一百多个学生大概都跟我差不多,紧张地一声不出地看着这些照片。一连放了好些张阴道的照片之后,教授停下来,开始问问题,一个最简单的问题:"你们对这些照片有什么评论?"

我,以及所有的学生,听了这个问题之后,似乎都喘了一口气,我们好像才从震惊中回过神来。学生开始回答问题。啊,原来阴道是这个样子的。原来每个女人的阴道的样子和颜色都不一样,如同每个人的面孔。原来看阴道的照片并没有让我们都昏厥过去,相反,这是我们理解阴道，理解女性，理解女性对性的感受以及生育与女性健康的开始。

说出阴道这个词，看阴道的照片，讨论阴道是怎样被社会、文化以及政治定义，是我自己走向女权主义思考的界碑。每年的二月十四日是西方的"爱节"，也是世界"反对对女性的暴力日——V-Day"。在这一天，全世界有五千多个地方上演《阴道独白》这个话剧，全世界有很多女性将第一次说出阴道这个词，将第一次思考阴道的各种意义，将第一次走向自我的解放。

阴道曾经属于男人，是男人的性工具；阴道曾经属于家族，是传宗接代的工具；阴道曾经属于军队，强奸是一个群体或部落征服其他群体或部落的力量的象征；阴道曾经属于国家，中国古代的王昭君不就是"和亲"的用品吗？直到今天，无论是西方还是中国，阴道，很多女人的阴道，还不属于她自己。

在情人节或爱节里，在这个反对对女性的暴力的节日里，我们应该温习并时时提醒自己的是：你的阴道，我的阴道，属于每个女人自己。伊芙·恩斯勒希望每个女人都能大声地说："阴道是我的，我爱我的阴道。"

女人的性欲望

性欲望和性动机恐怕是人类最主要的生存动力之一：种族繁衍的必需。男人需要性，这似乎是不言而喻的，是自古以来的天经地义。男人不但需要性，而且男人的性欲望似乎比女人强烈，性动机也与女人不同。男人们，无论中国的还是外国的，他们都一样，他们到处找性的可能，除了配偶之外，他们也到别的地方寻找任何性的机会，他们是性的动物。在美国的政治舞台上，那些被民众要求是道德榜样的政治家们，无论是总统比如克林顿还是有当总统野心的男人比如约翰·爱德华兹，他们都栽在"性"这个跳不过去的坎上。中国历来都是有权有势的男人有很多女人伺候他们，历代皇帝就是一例。

女人不同。在美国和中国，我还没有听说一个女政治家因为跟不是自己的配偶的人有性而被揪出来的。女人虽然有性，但女人的性欲望似乎没有男人那么强烈，性动机也与男人不同——这是真的吗？

答案却不那么简单。女人的性欲望跟男人一样强烈，只是很多时候表达的方式不一样。男女在性欲望上是相等的，相同的，女人并不比男人更少愿意有性活动，这已经不必证明了。1953 年，著名的《金赛报告——人类女性性行为报告》已经说明了这个问题。但女性的性动机却是一个未解的问题：为什么女性要有性，除了生育之外，女性的性动机是什么？即使是生育的目的，女性怎样选择自己喜欢的性对象？

上个月底，两位心理学家、美国得克萨斯大学的两位教授 Cindy M. Meston 和 David M. Buss 发表了他们的著作《为什么女人有性？理解女性的性动机：从冒险到报复》。这样的题目自然引起公众兴趣。美国的各大新闻媒体都报道这本书的出版，书评如潮。两位作者在接受采访时说，他们的研究与过去大部分的研究都不一样，他们不是关注怎么有性或性的其他方面，而是为什么人们有性活动，特别是女性为什么需要性，这是一个研究空白。

本书通过对 1006 名世界各地女性的调查，总结出 237 条女人为什么要"性"的理由。这些理由各式各样，几乎与个体的多样性一致，最突出的是，女性并不是为生孩子或感情的亲密喜欢性，而是因为身体快感、快乐和吸引力而要性。很多女性都说，"性让我感觉良好"。

这个理由跟男人要性的理由是一样的。

女性,跟男性一样,也喜欢征服,她们最喜欢追求的男性是那些也被其他女性追求的男性。两位心理学家把这种心理现象命名为"mate copying"———一种在两性交配中的心理拷贝过程。据这本书说,女人喜欢的男人,是每个女人在童年时期就已经塑造了的心理投射:往往是她们童年时代遇到过的让她们倾慕的人,"我们在童年时代就画就了一个表格,什么样的人吸引我们"。

女人喜欢的男性有共同的特点。一般来说,女人喜欢个子高、肩膀宽、V字形身材、嗓音低沉的男人。这样的身体特征反映的是这个男人的性激素水平,也标志着这个男人的地位、力量、挣钱养家的能力和内在的勇气。从进化论的角度出发,这样的特征也标志这个男性有能力在身体上保护女性和她所生的后代,也有能力出去打个大山羊回来抚养女性和后代。虽然男女相遇的时候,并不是女性的脑子里转着这个男人能否出去打麋鹿回来的念头,但女性下意识的选择,无意识的选择,却反映了进化论决定人类的繁衍。

这在动物世界中很容易看到。动物世界里并不是每个雄性都有交配的资格,通过搏斗,只有最强壮的雄性才有资格交配。我们人类跟其他种类的动物相差并不那么远,只不过我们往往忽略自己的动物性。

但是,这两位研究者继续说,在进化论决定的同时,人也做出有意识的选择。女性在选择长期配偶和短期配偶上有很大不同。短期配偶往往是标准帅哥,但长期配偶则往往是那些不那么雄性十足的男性,因为雄性十足的男性在性上往往不那么专一,也不顾家。很多被采访的女性都说,短期的性关系或一夜情之类的,她们跟着感觉走,但长期的伴侣,特别是婚姻伴侣,她们有不同的考虑,她们更喜欢顾家的男人。

237条女性之所以有性的理由,包括让伴侣嫉妒、责任和义务、好奇和冒险、让自己感觉良好、鼓励自己的信心等等。据这两位研究者发现,37%的女性用性来激起自己伴侣的嫉妒心,而男性则只有17%的人这样做;为让伴侣满足和高兴,84%的妻子和64%的丈夫在配偶提出性要求而自己不愿意做的情况下做爱;63%的女性在短期性关系里选择与自己的朋友做爱,而37%的人选择与陌生人做爱;38%的女性说她们喜欢"偷"已经有伴侣的男人,这种"偷"让她们非常激动和快乐。

两位研究者的成果虽然做了很多概括性的结论,但他们强调,女性要性的理由与女性个体的多样一样复杂,性活动的理由不是单一的,即使是一次性活动,也是多重动机造成的。

女人都好色

与通常人们认为只有某些男人才好色的观念相反,我认为世界上几乎没有不好色的女人,而且女人往往比男人还好色。人生根本来说有四大幸福:眼福,口福,耳福和色福。眼福,饱览人间奇观,看没看过的事与物,见没见过的风景就是眼福。口福,吃各种美味佳肴并深为享受,所谓食不厌精也就是口福。耳福,听各种美妙之音,听韶乐而三月不知肉味,在妙音中流连忘返就是耳福。最后一个色福,就是好色之徒所为了,人岂有不好色者焉?

中国最有名的好色之徒好像是登徒子。据说他进谗言,诽谤风度翩翩的宋玉,说宋玉好色,请楚王小心点,别让宋玉老到后宫去。宋玉倒打一耙,向楚王指出,我才不好色呢。你看，邻居的一个女孩子天天趴墙头看我，看了我三年，我都不动心，我心如铁如钢。登徒子才好色呢，他老婆难看极了，蓬头垢面，牙齿外露，走路弯腰，还有痔疮，可是登徒子还是和这样的老婆生了五个孩子，可见登徒子才是好色之徒。我听完宋玉的话，就觉得登徒子是对的。宋玉呀宋玉，邻居的少女看了你三年，你都不动心。这种谎言，谁信啊？楚王要是信你，他就是大傻瓜。后来一读，楚王还真是大傻瓜。

登徒子的好色，还真为天下好色的人树立了好榜样。登徒子是真好色的，他爱自己的女人，爱得美丑不变，贫贱不移，病否不计，这样的好色，多么难能可贵！这种好色，在中国好像不多见了。四年前我回中国，见到多年不见的老朋友某个汉学家，我们一起和很多诗人作家吃饭。这位汉学家的女朋友我是认识的，我问及她，汉学家一一回答我。我旁边的好朋友女诗人程小蓓小声对我说："他真好。你知道吗，他的女朋友得乳腺癌了，双乳都切除了，可是他们还在一起。要是中国的男人，肯定早就把她蹬了。"我听了小蓓的话，默然。环顾左右，餐馆里人声鼎沸，男人们都在大吃大喝，难道中国的男人会是这样吗？我内心不得不荒凉。

大概登徒子的好色传统传扬到西夷去了。本土发达的是按摩房，计划生育工具店和各姿各色的小姐。高鼻子、碧眼睛的蛮夷，我见过的有登徒子的好色品质的比比皆是。老伴跟我在中国旅行，中国人问他最多的问题是："要是有了外遇，你怎么办？"好像这是很多中国男人普遍感到为难的问题。他扭头看我，用中文说："我有太太，太太漂亮，我爱太太。"中国男人看看我，真应了中国人说的，嫁给老外的中国女人，一定都丑不堪看。他们不明白这个老外登徒子怎么能和这个蓬头垢面的中国中年女人信誓旦旦的。

以我看来，好色，并不是见异思迁；好色，并不是天天换小姐，在按摩房里消耗时光；好色，不是看见邻居的女孩子就流哈喇子。宋玉说得对，好色，以登徒子为例，就是爱自己的丑老婆。对女人来说，就是爱自己所爱的人，就是情爱和性爱的结合。就是一个男人爱自己衰老的妻子并且还想和她继续生孩子。就是一个女人喜欢情爱和性爱，喜欢两情相悦的情情调调卿卿我我。我不知道这世界上有多少女人是不好这种色的，那种称自己不好这种色的女人，或者是故作正经，或者是假正经，或者是生活所迫，既没色，也色不起来而已。女人本来就是色彩丰富的一性，好色，是女人的本性。好色是不是男人的本性，我是女人，不太知道。

进一步说来，女人喜欢帅的男人。我觉得中国古代的女人好像比我们现在要自然得多。西晋时代的美男子潘安在大街上走过去，女人们纷纷从家里走出来，往他身上扔鲜花，据说还扔水果，弄得他"掷果盈车"。好像有一大队追美男的女人，并不因为潘安是歌星影星，就是因为他帅，也很自然。仔细读读现今报上网上的征婚征友广告，好像每一条都对男性的身高做了要求。显然男人，简直不需要特别帅，只要身高适中，就很被需要，因为男人身材适中，相貌英武，看起来都舒服，带在大街上扬眉吐气，放在屋子里赏心悦目。没有一个女人不好这种色的。

除了外表以外，男人只要行为举止谦谦有礼就吸引人。斯瓦诺是我的好朋友，我们一起出去，他总是给我开门，然后用胳膊挡住门，我走过去才关上。在街上走路，他总是走在马路的外边，拐弯的时候，就把手臂挡住，绅士般地保护我。那天在商场下电梯，我和他前后脚走，正要走下去，回头一看，他站在那里，让另外两位女士先走。我看他，他冲我挤眼睛。斯瓦诺前几天曾郑重地对我说："沈睿，我想来想去，我比你还是女权主义者。我热爱女人，特别是美丽的女人。所以我尊重她们的权利，并为她们的权利斗争。"我说："好，祝贺你成为女权主义者。"他说不必祝贺，他天生就是女权主义者。莫格是我的同事，每次在走廊里见到他，他都停下来，身板挺直，身子向前稍微倾斜，热情地问好："你今天怎么样？"一副谦谦君子风度。任复礼是教中国政治学的教授，有两年时间，我们每个星期都在一个名字叫"蓝鹦鹉"的老饭店，靠着古色古香的临街的窗子喝酒聊天。如此熟的好朋友，他很多时候见到我都赞美我，我的耳环，我那天的服装等等。我常说："你不要客气。"他说："赞美你怎么是客气呢？"这样的男人们，怎么不迷人？

男人疼爱他们的女人也让人着迷。我的好朋友晋的男朋友奥利弗是一个音乐家。我到他们家去玩，奥利弗下厨房，兑墨西哥酒让我们喝，做墨西哥饭给我们吃，让我们女人们坐在凉台上叽叽喳喳去聊天。

我的朋友来玩,老伴会主动去换客房的床单,准备好毛巾和香皂。我去逛商场,他会带一本书,坐在那里等我,无论多长时间,从来不说一个不字。他们疼爱我们,让我们去玩,去高兴。我的同事萨尔瓦诺说:"我们意大利人说,一个男人永远不能打女人,就是用鲜花打,也不行。"这样的好男人,能不让女人好他们的"色"吗?他们是有"美色"的啊。

就是从这些方面看,没有一个心中充满情和爱的女人是不好这些男人的色的。诗人马兰说她自己好吃也好色。我点头称是,忙不迭地说,我也是。然后我补充,天下女人都好色。我们相互点头,彼此理解。

我成为女人的方式

青少年时代

我是我母亲的第一个孩子,我父亲的第四个孩子。父亲离婚了,因为爱上了自己的学生,把包办婚姻的妻子离掉了。两个女儿跟他一起,儿子因为还太小,留给他前妻了。我在母腹中踢来踢去。很多人端详我母亲的肚子:"啊,肯定是男孩,这么有劲!"

我生下来的一刹那,不知道我母亲是怎么想的,可能她也隐隐地失望,因为她希望自己给父亲生个男孩子。母亲也可能隐隐地兴奋,无论怎样我是她的头生孩子,父亲恐怕没有那么高兴。他看看我,啊,又是一朵花,没有什么新奇的。我被命名为吉祥的花——沈家这一代女孩子皆以各种花为名字,我们都是花。沈家男孩子这代人都命名为武——武装的武。谢谢天也谢谢地,我没有被放在孤儿院门口或放在野地里,自己死掉。

人人都说你那么可爱,啊,这是个娴静的小女孩。你得到的礼物,大部分都是女孩子的,比如小娃娃,小厨具。小娃娃是金发的,告诉你金发的女孩子最美,蓝眼睛比你的黑眼睛美丽。你穿着小女孩的服装,你做着小女孩做的事,比如玩过家家。"我当妈妈,我有三个孩子!我洗衣服。我做饭。"

妹妹出生了——又是一朵花!我记得妹妹出生时我的兴奋。我跑来跑去,看到家里人来人往。等人们都走了,我趴在床上看刚出生的小女孩。啊,她那么小。我听母亲在说给妹妹起名字:"又一个女孩子,太多了!就叫多多吧!"这是妹妹的第一个名字。我记得那么清楚,我才四岁零五个月。我记得清清楚楚,直到今天。多多是我的妹妹,我也觉得自己属于这个多余的一群。

我没有爬过树,没有打过架,没有与别人争吵过。我的姐姐们都很安静,我姐姐的名字叫"小乖"。我们都是乖乖的女孩子,我们是一群安静的小女孩。我在学校里非常安静,从来不敢大声说话。(直到今天我还是害怕在公共场所说话,虽然当老师当了很多年,我应该早就不怕了。)任何人跟我说话,我都吓得要命,躲在人后不出来。老师要我发言,我期期艾艾,心里明白,嘴上说不出来。我习惯了闭嘴,听别人说话,不习惯表达自己。

父亲喜欢给我们讲故事。他讲"孔融让梨"。因为那时我最小,我知道这个故事是给我听的,让我把梨让给姐姐们。这个没有问题,我对梨没有兴趣,谁爱吃谁吃。问题是孔融让梨之后做什么?他家里的人平时做什么?我问个不停。父亲随后回答说,孔融家着了大火,什么都烧掉了。我本来躺在床上听故事,听到这里,我坐起来,嚎啕大哭。我为孔融家悲伤,悲伤得无法自抑,大哭不止。直到父母威胁如果哭个不停就把我扔了,扔到乱葬岗子里去。我不知道乱葬岗在什么地方,听起来都害怕,我吓得躲在被子里哭。

我被送人了,因为家里女孩子太多,送给别人也没有关系。我听大人们讨论把我送人的事情,某某人没有孩子,就把三姑娘送给他们吧。我被打扮得漂漂亮亮的,母亲给我梳小辫,编五股的,把我的脸皮都绷起来,我的眼睛吊起来。我觉得头皮疼,也不敢说,跟着母亲到我被给的人家去。这个人家住很大的四合院,他们给了我一个小三轮自行车,我在院子里骑车,玩得很开心。第二天我被送回来了,他们说我哭了一宿,哄不动我,把我还回来了。我对妈妈说:"我保证好好干活,只要不把我送人就行。我不想被送人。"父母把我送走的计划破产了。

我上学了。记得父亲带我去上学的第一天,站在北京东直门小学校门口,我害怕得要命,紧紧地揪着父亲的手。他的手那么大,我只能攥住一根手指头。我惊异地看父亲的手指头。父亲在与站在那里问候新来的家长的校长说话,我只记得手指头。突然父亲对我说:"你们的沈校长,是我上小学时的老师。"我回头看沈校长,这位跟我一样姓的校长,头发花白,微微笑着。我一只手攥着父亲的手指头,一只手挥起来,向沈校长告别。

我们都做家务,都帮父母干活。姐姐们做得比我多,不过我也干活。父亲在药材部门工作,我们会在家里挑药材,家中全是中草药的味道,我闻着中草药的苦涩味长大。我学会了做饭,学会了洗衣服,学会了收拾房间。我还在院子里种向日葵,种"鬼子姜",种茉莉花。我喜欢茉莉花,满院子我都种了茉莉花。

我十岁了。听母亲常对别人说:"小子不吃十年白饭。"我暗想,啊,我是个丫头,我一定白吃了饭。我左看右看,是的,弟弟出生了,弟弟的名字是武龙——武装起来的龙。弟弟是全家人的宝贝,弟弟是爸爸妈妈最大的欢乐。我特别爱弟弟,我观察弟弟,啊,他尿尿的方式与我不一样,我惊异地观察他的身体,难道就因为尿尿的方式不一样,他这么让父母欢喜吗?我摸摸他的与我不同的地方,是一个小小的软软的小虫子一样的东西。我意识到就是这个东西决定了他的重要性,决定了他的至高无上的位置,我和姐妹们都没有的位置。我不明白这个东西有什么了不起。

放假的时候我被送到农村的姥姥家玩,我认识了我的小姨,她是我母亲的叔叔的孩子。她跟我年龄一般大,跟我的名字也相似,她的名字叫小花。她带我去割猪草,在野地里疯跑。我的老姨(比我大十岁,我母亲的妹妹)把我拉回来,教我学做衣服,纳鞋底子,做鞋垫。

纳鞋底是一个非常难的活，我的手都勒得出血印子了。我给弟弟做了一条裤子。

我有了第一次的月经。女孩子管月经叫"倒霉"，暗示这不是什么值得高兴和庆祝的事情。我母亲从来没有跟我谈论过月经，或者告诉我该怎么做。月经是一个不能谈的问题。我听同学说月经的血很脏，女人有月经，所以女人比男人脏。我也觉得做女人很倒霉，我也跟着说女人很脏，因为我觉得自己脏。

一天下学回家我路过一个公共厕所，那里有很多人围着，我听说人们捡到一个死婴。死的孩子是某家的女孩子和她的爸爸生的。我头一次听说女孩子跟爸爸生孩子，对这件事印象极深，我以为爸爸只和妈妈生孩子，没想到有的爸爸也跟他的女孩子生孩子。

我还听说男人都很坏。我听同学们，我的母亲与别的成年女人们谈论男人，她们说："啊，男人都是野兽。他们都很坏。"我一次还听说"男人喜欢在女人身上发泄欲望"。我听了很害怕，我觉得欲望是个坏东西。我学会了怕男人，男人都是潜在的坏人。

上中学和高中，我都是最好的学生。可是老师们当着我的面说，别看女生现在学习好，将来肯定不如男生。男生越大成绩越好，男生才会真正做贡献。我数学非常出色，高考数学得一百分，可是老师说，女生数学再好也比不上男生。我是全校写作组的唯一的女生，我们八个学生，他们全是高中生，只有我一个是初中生。我们在一起读《艳阳天》和《金光大道》，分析这两本书的写作方法。老师说最伟大的作家都是男的,女的成不了大作家。

我不喜欢自己的样子,觉得自己长得不符合美女标准。我学会厌恶自己的身体,常常想我胳膊太长,头太小,头发太稀,对自己没有信心,也不懂得对自己有信心。同学们都学绣花和织毛衣,我对这些活动毫无兴趣。我母亲是织毛衣的能手,我没有继承她的才华,常常被骂,被认为毫无用处。我思忖自己,也觉得自己恐怕会一事无成,什么也做不成。

一次在北京紫竹院公园看见一个青年男人和女人手拉手,其他同学一起起哄,特别是男生,起哄得更厉害:臭流氓!臭流氓!吓得那两个人仓皇逃窜。我站在一旁,意识到男女在一起是很可羞的事情,好像是坏事情。可是我又隐隐地渴望知道他们在一起还做什么,从小说中已经看到谈恋爱的故事,在生活中谈恋爱叫作"搞对象",搞对象的目的就是结婚,结婚的目的是什么,不知道。

中学时代跟男生说话都似乎是一件坏事情。男女生不说话,划清男女界限!班上男同学欺负女同学是常事。一个叫尹长玉的朝鲜族同学总被欺负,她就坐在我前面。一次一个男同学趁尹长玉不注意把她的椅子往后挪了,尹长玉坐下来的时候,不知道,摔一个大仰跤。我气极了,走到那个男同学跟前说:"你欺负人,你扰乱课堂!"这个男同学举起椅子来要打我。我意识到跟男同学没办法讲理,这是一个不讲理的世界。男孩子因为有力气,就可以为所欲为。

我开始喜欢一个女孩子。她很有艺术气质,喜欢写作和画画,她母亲是昆曲演员,父亲是作曲家,我们天天在一起玩。我那么喜欢她,有的时候晚上到她家楼下,看到她的灯亮着,我暗暗地高兴,不打扰她就回家了。她搬家了,我想念她,给她写信,把信发出了,结果第二天就收到回信。我吃惊极了,不明白怎么会有这么快的信,原来她也想念我,也给我写信。我们在不知道彼此的心的时候,给彼此写信,表达倾慕和想念。

我开始喜欢一个男孩子。他长得白白的,个子不高,更像个女孩子。他家住得离我家很近,他喜欢到我家来,因为妹妹弟弟都在,我们一起玩,他家就他一个孩子,没有意思。我们在一起做功课,常在夜晚骑车去天安门广场。那时是高中最后一年,我们不怎么上课,天天都去学工学农。我建议我们自学,把高中课本都学了,做数理化题,互相对答案。我们这个小组三个女孩子,一个男孩子,那两个女孩子是我高中最好的朋友。

我的好朋友给我看色情小说《少女的心》。我被故事惊呆了。第一次发现自己的身体,感到身体部位的存在,第一次明白男女之间的性关系是怎么回事。

高中快毕业了,我的同学被迫退学了,因为我们的数学老师让她怀孕了,数学老师的妻子也在我们学校。同学们议论纷纷,我为我的同学担心,她是独生孩子,她将来该做什么呢?

厌恶自己是个女的,希望我是一个男孩子。我想当男的,不想当女的!我给自己起名字,全是男性的名字:沈岩(我要像岩石一样!),

沈飞（我要蜕变，要飞起来），沈刚……我的笔记本每个都有一个新名字。我痛恨自己的名字，女里女气的。女人都是小心眼的，女人不会有什么成就，女人天生就不能做大事情。"身不得，男儿列，心却比，男儿烈"，我喜欢这样的诗歌，喜欢秋瑾，看她穿男装照片，非常羡慕。既然秋瑾是"鉴湖女侠"，我就天天想什么样的称号适合我，想象自己是一个男的。如果我是男的，世界多美好！

男　　人

小的时候，弟弟出生前，因为家里全是女孩子，我不知道男孩子的身体是什么样子。我只有过一次"色情"经验，那时我还没有上小学，也许六岁左右，我和院子里的小孩玩过家家。其中有一个六七岁的男孩子，他偏要当爸爸，我们几个人就让他当了。可是爸爸做什么呢？他说，爸爸和妈妈摸来摸去。我们听了都很新奇，问摸什么。他把裤子脱了，露出他的小小的阳物，说，你们要摸这个。我从来没有见过这个东西，甚至不知道这个的作用，忍不住说："我来摸一摸。"他的小鸡鸡在我的抚摸下翘起来，真像一只小鸡嘴。我觉得很好玩，很新奇。别的孩子也过来摸，我们都摸他，他站在那里，叉着腿，很新奇地看着自己的翘翘的小鸡鸡。我不记得这个故事后来怎么结束的了，可能我们都没觉得他的小鸡鸡有什么太好玩，一会儿也就过去了。我对什么标志着男性，没有印象，直到弟弟出生我才有确切的概念。

上小学后我开始听说"流氓"的存在。"流氓"是对女性很危险的人，流氓专门袭击女性，流氓的存在让每个女人都感到不安和恐惧。我从来没有见过一个真正的流氓，但是"流氓"如巨大的阴影，笼罩在我们居住的胡同，居住的街区，居住的城市。夜晚走路，我怕流氓，我担心电线杆子后就藏匿着流氓。白天走路，我怕街上一个人都没有，担心流氓就躲在哪个门后。据说流氓到处都是，看到一个陌生的男人，我都心惊胆颤地想：这个人会不会是流氓？本能地恐惧着。

我开始得知有些词是禁忌，不许说出来的。我还在上小学，也许是六年级了，一天我借到一本书——《被开垦的处女地》，书的封面是黑色的土地和拖拉机。我不明白"处女地"是什么，问父亲，"处女"这个词是什么意思，有没有"处男"这样的词？父亲脸色一沉："你哪听来的这样的词？"我吓得不敢说自己刚借了一本书。父亲的态度让我觉得"处女"是一个很可怕的字，有特殊的魔力，我最好还是谁都别问。

不仅是"处女"这个词，其他的与女人有关的词也似乎有同样的魔力。上中学的时候，老师发现班里某个男生的作业本，里面写满了一个词"姑娘"，整个本子都写的是这个词。我们的老师气得发疯，在班上批判这个男同学"思想复杂"。我坐在那里，听老师把思想复杂会导致的各种恶果听来听去，我也纳闷那个男同学怎么会写一本子的"姑娘"两个字，他写的时候在想什么呢？这个男同学辩护说，他看了朝鲜电影《卖花姑娘》，所以他写这两个字。不知为什么，我感到他如此重复地写这两个字，一定还有别的涵义，有一种莫名的对"姑娘"的向往，但是，我不敢说出来。词语具有可怖的力量，特别是与女人有关的词。

等我上高中的时候，我已经把字典念过好几遍了。我仔细看字典，发现还真是的，与女字有关的词，有很多都含有贬义：奴（又一个女人），奸（女人干的），妒（女人在家里），嫌（女人兼之）等。我告诉父亲自己的发现。父亲不同意，写出"安""好""妙"等字来。我说："是的，有个房子有个女人，当然安；有个女人有个儿子，当然好；有个少女当然妙。"父亲大笑，我们没有争论。我后来想，我成为女权主义者简直是自然而然的，就是从我对词语的理解开始的，我意识到文字是男人创造的，是表述男人的感情的，是男人对世界的理解。

成长在革命时代，我对男性没有什么理解，没有交过男朋友。那个中学时代我喜欢的男孩子也只是好朋友而已。他爱上了我，我知道，我也喜欢他，可是爱情是什么，男人是怎么回事，我不知道。

我上大学了，有了第一个男朋友。这个男朋友据说非常有才华，可是再有才华的人在现实生活中也是普通人。我不懂得这个区别，我是一个满怀理想的女孩子，在七七级中属于年纪小的学生，我是十三个女同学中最小的一个，也是全班六十五个同学中最小的几个之一。我的幼稚的青春相信才华会照亮我们的生活，可是生活很现实，最现实的是我发现他的背叛。

我在《姚锦云和我的故事》里考察我们这一代人的成长，思考成长与社会、与个人觉醒、与性启蒙、与对自己身体的认识的关系。我的极为自觉的女权主义立场渗透我思考的每一个问题，这个背叛问题就是我对男人与女人关系思考的一个分水岭。

一个男人背叛了你，他有别的性交往，没有关系；可是女人必须是处女，否则男人会不再要你。我的第一次性经验如此让我恐惧，我吓得不知该怎样安定自己才好。因为与他的性经验，我恐惧地想，我再也不可能跟别人结婚了，没有人会要我当妻子了，因为我不再是处女了。这种深深的恐惧让我原谅他，让我还是与他结了婚。

现在想来，后悔吗？我不后悔我的婚姻，因为从婚姻里我学到了那么多东西，我个人的经历都是我思考的出发点，没有这些经历，我不会成为今天的我，成为这样的我。我的第一次婚姻，今天想起来，还是有值得记忆的地方。我们那时都年轻，他梦想成名，我梦想做他的贤内助。他如我一样，呼吸着性别主义的思想长大，成长在强烈的性别主义的文化里。我们不知道性别主义不那么强烈的社会是什么样，我们从来没听说过女权主义运动已经把男权对女性的限制打破很多，我们不知道男女的真正价值是什么。

我母亲是北京人，过去常常用北京话骂那些不知道规则的人："没吃过猪肉，也没见过猪跑吗？"我后来常想到母亲的话，在那个时代，我们都没有吃过性别真正平等的"猪肉"，更没有看过性别平等的"猪跑"。在没有"猪"的世界里，一般人很难想象"猪"的存在。我们以人人都接受的社会的性别角色安排自己。他要读书，写作。我要带孩子，做好家务。

我对丧失"处女"这个身份感到恐惧，他对丧失自己的"处男"身份没有恐惧。这是我感受最深的一个男女区别。我当时是否认为这是男女不平等？没有。我认为这是天经地义的。女人应该纯洁，男人纯洁不纯洁没有关系。我的思想没有觉悟到这是男女不平等的一个体现这样的高度。社会对男女要求不一样，在我看来是自然的。第一次性经验让我觉得自己不再纯洁，我想，"嫁鸡随鸡，嫁狗随狗，从此我就是他的人了"。这就是我当时的想法。

后来在我学习女权主义理论，探讨女性是男权思想的实施者的时候，我想到自己，想到我曾是多么认真地自我实施男权思想，我自动用不同的标准要求他和自己，男人用不着在身体上忠诚，女人必须如此。男人，因为身体的不同，道德上就有不同的要求。

我与当时自己生命中唯一的一个有性关系的男人结了婚。也因为婚姻，我开始喜欢男人，喜欢男人的身体，喜欢做爱，懂得人的身体的软弱与坚强，男人的身体不再是谜，男人使我成为女人。

人到中年

宽容与爱

我的好朋友张学俭是我的上司的时候，以脾气暴躁闻名。虽说跟他一起工作多年，他一次火都没冲我发过。他脾气急，我了解，我也是一个快人快语的人，做事麻利，所以我们很合得来。后来我离开他的办公室，到中国社会科学院外文所工作，我们仍然常常见面，继续我们的友谊。再后来我出国了，很长时间没联系。他五十岁那天，我突然想到他，在网上找到他的地址，给他写了信。他回信说："五十岁这天，看到你的信，我高兴得差点没背过气。"两个脾气投缘的人，二十年来，就是因为脾气急，而成为挚交。

多年过去,他竟成了部级领导。2001年他带领中国政府代表团访问美国农业部,我和老伴专门到波特兰陪着他们的代表团。他会见美国的记者时,我看到他举止从容,问答如流,完全没有官样子,很感动,也很为他骄傲。我赞美他,他回答我:"小沈,自从五十岁以来,我的最大的变化,就是我突然什么都不着急了。我突然意识到,这个世界上没有一件事是非做不可的,没有一个人是非缺不可的。我一下子慢下来了。"我看着他,有点不相信。他说:"五十岁对我很重要。五十岁是一个分水岭。"我听他继续说:"到了五十岁,我意识到没有不可宽容的事情和人。我突然觉得人生很可怜,我们只能宽容和悲悯。我再也不对任何人发火了。"

张学俭的话深深地印在我的心里。我今年也要五十岁了,虽然此刻我还没有感到五十岁那天我是否就会改头换面地变得更宽容和悲悯,但是人到中年,我的确觉得生命开始倒计时了,人要更善良,对人要更宽容,对世界要更爱,要有更多的朋友。我的理论是,希望参加我的葬礼的人越多越好,希望出席我的葬礼的人为失去我真正而哭。每当我有了新的朋友,在家里喋喋不休地告诉老伴,老伴常常打趣我:"怎么,又有了要参加你葬礼的朋友了?"听他的话,我却认真,点头。

人生短暂,越活越短,我没有时间与世界生气,只有足够的时间来爱,只有足够的时间被爱,我们怎能不更善良呢?不更多地帮助别人也帮助自己呢?我爱我的家人,我的朋友,我的同事。我爱我前夫现在的孩子，如同爱我自己的孩子；我爱前夫现在的妻子，如同爱我最好的朋友。我每年去中国都给前夫现在的妻子和孩子带礼物。去年夏天在北京，前夫现在的妻子打电话请我吃饭，我们这几个生活如此纠缠在一起的人喝酒，我们的孩子欢乐地跑来跑去，我们庆幸我们三个人人生的美好。第二天，我在西单的蜀江饭店请我老伴的前妻和女儿吃饭，老伴的前妻来到中国看望在中国工作的女儿。我们一起聊天，谈中国和美国。回到家，我母亲说："没见过你这样的人，跟前夫的现妻和现夫的前妻搅在一起，天天吃饭喝酒，从不见你嫉妒过。"我说："妈妈，我干吗要嫉妒？人的心是宽的。爱比世界上的什么东西都大。"母亲回答："你大概有点二百五。"我大笑。想了想，做一个二百五比较没心没肺，日子好过一点，还是做下去吧。

记得鲁迅先生是提倡不宽容的，他是一个很较真的人，好像和很多人吵过架，对很多人都不满。他曾经在一篇似乎是诀别辞一样的文章中说，绝不宽容。鲁迅死的时候是五十五岁，刚过中年就英年早逝，我猜他的过早凋谢与他的这种心态很有关系。如果鲁迅宽容一些，多和孩子海婴玩玩，可能心境就比较平和，就比较不那么和自己和他人过不去，也许对中国文学和思想的贡献更大。我自从大学上了关于鲁迅的课，就觉得鲁迅的很多文章一点也不好看。我不怎么爱读鲁迅，所以鲁迅精神就没学到，也没继承下来，所做的事情很多与鲁迅教导的都不一样，比如我就觉得宽容别人就是宽容自己。一个人活到五十岁，用孔子的话说也到了知天命的年龄了，还有什么过不去的呢？我虽然还不知道我的天命，但是我知道我是一个需要别人宽容的人，因为做事脾气急性子快，常常爱过早做出判断，因此常常判断出错。昨天老伴还在说我："你这个伊丽莎白，能不能不早早做判断？"他管我叫伊丽莎白，是因为《傲慢与偏见》里的主人公叫伊丽莎白，他总是说我和这个主人公太相像，说出的话比脑子走得快。我只好快快不语，因为他说得对。

今年就要五十岁了，不禁在想五十岁了，人到中年的顶点了，中年的意义到底是什么？

年龄的力量

二十世纪法国最出色的女哲学家波伏娃的自传的题目"年龄的力量"对我有很深的影响。二十多岁时我们是感觉不到年龄的力量的，那时，年龄是一个未知数，我们不知道年龄有什么意义和作用。我二十多岁时从来没想到过我活到五十岁时会是什么样。记得我生孩子的时候，那时我不到二十六岁，我想，等到我的孩子二十六岁时，我会什么样呢？我会五十二岁，我努力地想我五十二岁会什么样，我想不出来。如今我很快就会五十岁了，离五十二岁并不遥远了。我的儿子不久前问我："妈妈，你现在的生活与你二十多岁时设想的有什么不同？"我想了想，说："妈妈年轻时不知道年龄是怎么回事，现在我懂得年龄的力量。"

到了中年，特别是四十岁之后，我开始获得了一种过去没有的信心，那就是对自己能力的相信，包括对自己的判断力，自己的对人、对世界的判断力的相信。比如，从十几岁时起，我就知道我这一生会以写字为生，而且知道自己的文字有独到的光泽，但是我从来都没有信心，没有足够的勇气承认这是我的能力和我的梦想。我的第一个丈夫，我们共同分享的就是对文字的热爱。他也是一个有独到文字特点的写作者，常常对我的文字风格给予鼓励："你的文字很自然，天然得好像地下水自己源源地冒出来。你的文字有一种幽默感，好像不是女人写的。"就是这种充满性别偏见的鼓励，对我都是大加油，就因为这样的理解，与他生活了十六年。十六年的婚姻让我懂得，人得为自己而生活，而不能为别人活。第二次婚姻，我对将要做我丈夫的人只有一条要求："我们必须是自己生活的中心。你是你的中心，我是我的中心。"他仔细想我的话，想明白我到底说的是什么，他答应了，但是我猜他并没有明白。结了婚后他才明白我要为自己的前途到别的地方去教书，我们分居在美国东西两海岸。他信守诺言，支持我以自己为中心。我说到做到，我是我的中心。年龄告诉我，无论怎样爱另外的人，我都不能放弃我自己对生活的梦想。一个没有自我的人，其实就是不存在。

以前家里常常是往来无白丁，似乎人人都是诗人作家艺术家，我对所有这些人都仰慕得不得了，常常觉得自己说话都没有底气，担心自己水平不高，怕他们笑话。这些才华灼灼的诗人作家艺术家，也个个才华横溢,天马行空,没有下到凡世听我说话。我学会了缄默,学会了做很多的饭,学会了招待客人,却没有学会发言。直到今天,我在人多的场合还是不太说很多的话。但是我却学会了通过一个人的行为举止,服装穿戴,吃饭说话的方式,看一个人的品质,看一个人怎样对待他人和自己。四十多年看书看人,我走进教室和我的学生谈话,几分钟后我就能知道哪个学生是用功的,哪个是聪明的,哪个是小聪明的,好像自己都成了相面先生。这种相面能力是多年生活和观察——年龄给予的。年龄给了我们观察世界的角度和深度,年龄给了我们判断人的经验和眼光。一个人到中年的人,如果还没有自己独特的眼光看世界,大概也只能像德国诗人里尔克说的那样:"如果你此时孤独,就永远孤独吧。"

年龄的力量使我知道自己是何等的微不足道。我的存在,我的生命,除了对我自己之外,对这个世界并没有什么太大意义。我喜欢写作,但是写作本身的意义不是要名扬天下或名留千古之类的。写作是我生存的方式,因为对世界好奇,忍不住记录自己的思绪。把自己写的东西发表出来或放在网上,目的也只有一个,在这个茫茫的世界里寻求几个同声相应的朋友。而在根本上,自己的生命和写作并没有任何重要性。我深深地理解为什么卡夫卡死前要求把自己的作品全部都烧掉,因为卡夫卡没有把自己当一回事。

我对那些总觉得自己为历史和未来生活或写作的人感到不解,只有黄毛小儿才相信未来。有的人总觉得要对历史负责,好像他们是自我委任的太史公。也不想想在我们之前的两三千年的历史里,一定有很多人曾经坚定地相信未来,可是他们现在在哪里呢?年龄告诉我,千万别把自己太当一回事,无论干什么。就是在这点上,我非常欣赏中国作家王朔。有人以为王朔反知识分子等等,这些骂王朔的人要是有百分之一王朔的彻底和明白,可能还真能写出点与这个时代有关的东西来,要不然,就全瞎了。而全瞎了的人在这个世界上比比皆是,越瞎的人,越觉得自己重要得人五人六的吧。

年龄的力量使我刻骨铭心地感到没有未来,只有今天。今天我有很多事情要做,有电话要打,今天我还要到森林里散步。今天我思考,故我存在。今天我存在,故我思考和写字。生命只有今天,明天未必到来。

死 亡

帕兹是我照顾的老人鲍伯的大女儿。那时我在俄勒冈大学读研究生,孩子跟我在一起。为了生存,我带着儿子搬到鲍伯的家,照顾他,免费住,还有工资。我因此与帕兹成了很熟的人。

帕兹住得不远,天天都过来。她是一个理发师,就在雨津市中心的一家美容店里工作。她那时四十七八岁,离婚了,一个人过,有一个男朋友,但是男朋友并不跟她一起过日子。她还有一个儿子,却是一个不成器的家伙,中学没上完就当兵了,当兵期间和一个越南女孩结了婚生了孩子，两年当兵结束，婚也离了，也没钱，写信给帕兹要钱买机票回家。帕兹天天跟我说家常，我对她的生活了如指掌。我们相从往来，成了好朋友。

帕兹谈不上漂亮惊人，她瘦瘦的，一双大眼睛很传神。她自己是理发师，自然头脚都修理得很恰当，所以帕兹总是一副漂亮的模样。我不太喜欢她的衣服，觉得过于花哨，但这没有关系，我们在趣味上不一样，我是中国人，是学生，是老师，她是美国工人阶级妇女，我们的年龄有八九岁之差，趣味自然不同。

我学开车的时候，要帕兹陪我练车。在车上她比我还不冷静，我开车有一点摇晃，她都大叫。我说："帕兹，别那么女人气！"帕兹大喊大叫："我就是女人！我没有办法。"但帕兹还是陪着我练，直到我考了驾照。

过年过节我们都在帕兹家过。帕兹兄弟姐妹共五人，她老大，大弟在邮局工作，妹妹二十多年前嫁给一个中国丈夫，在丈夫的商店里工作，二弟也为中国姐夫工作，三弟我只见过一面，不知道是干什么的。过节的时候这么多大人孩子都在一起，谈笑玩游戏。他们把我和孩子看成是一家人，我对美国人的家庭和生活方式有了很切身的了解。我虽然从没把自己看成是他们家人，但我把帕兹看成是一个姐姐，跟帕兹谈很多私人的问题。

一次我路过帕兹家，进去看看她做什么呢。她正一个人坐在起居室里吸烟。帕兹的房子很大，三个卧室，起居室，饭厅等等一应俱全，里面的装饰非常七十年代，连颜色都好像凝固在七十年代的黄和绿上了。我进去看，香烟袅袅，帕兹坐在深褐色的沙发里吸烟，都模糊在烟雾中了。我突然意识到帕兹的孤独。儿子在东部，并不与她联系。前夫早就再婚了，帕兹还是用他的姓，因为帕兹其实还是喜欢前夫的，谈起前夫，她有很多话说。她的男朋友是一个刚从监狱里出来的人，因为什么罪，我也不清楚。我陪她坐下，坐在她对面的一个磨破的沙发里。看到她的伤感，我说："干吗不叫你的男朋友搬进来住，这里反正大。"帕兹摇头："他不把自己的屎清干净，我才不让他来住呢。"

1997年秋，帕兹的儿子在母亲给买了机票后从军队复员回来了，在一个商店里工作。看得出来，帕兹很高兴儿子回来，可这个儿子天天找她要钱，让帕兹很生气，忍不住跟我唠叨。我因此对帕兹的儿子印象更坏，觉得他行为举止都不像一个好青年，其实他那时也就二十一二岁。在她儿子的鼓动下，帕兹天天买彩票，希望一举发财。她家没有有线电视，所以每天晚上她和儿子都过来，看我们的电视，等抽彩的结果。他们天天都失望而归，然后鼓励彼此明天再买。我看他们走出房子，那种失望的神情，常常为他们感到伤心。我自己一生，一次彩票没买过，就与看他们的身影有关。

鲍伯身体渐老，于1998年初被送到老人院去了。我没有了工作，带着儿子搬回学生公寓。鲍伯同年四月去世。我去参加了葬礼，见到他们一家人，和帕兹说好要一起去吃午饭等等。说是说，却没有做到。我教书读书带孩子，忙得团团转。我那时在申请工作等等，顾不上跟帕兹联系太多。那年夏季我都在教书，为了生活，紧接着又去中国工作，生活匆匆的。帕兹和我偶尔打电话，一聊就聊半天。我听帕兹说，她的儿子还是不成器，因为买大麻被警察抓走了，又放回来了等等。

帕兹五十岁生日，和她的好朋友兼同事莎柔以及莎柔的丈夫去野营。帕兹喜欢打猎，跟前夫在一起时常去打猎，所以野营让帕兹好像重温旧梦，说起打猎，帕兹就停不下来，眉飞色舞，高兴得不得了。我说，帕兹我们吃饭庆祝你生日吧。我们终于说好了，一等我从休斯顿看望父母回来，就吃饭庆祝她的生日。

那年夏天，父母住在美国的妹妹处，我教了一夏天的书，放了假就带着孩子飞到休斯顿看父母。就在我到休斯顿的第二天，突然接到帕兹弟媳珊瑞的电话："睿，我打电话给你，是告诉你昨夜帕兹走了。""什么？"我大声地尖叫，不是不明白走了是什么意思，是不相信帕兹走了！

帕兹就这么走了，刚刚过五十岁生日。平时她身体很好，没病没灾。那个晚上她突然心脏病发作，因为是独处，夜里没有人，她似乎挣扎着要从卧室里走出来，摔倒在门口，就没有爬起来。第二天她没有上班。第三天还没有上班，也没有电话。莎柔后来到她家去，看到帕兹已经死了两三天了。

五十岁意味着死亡不用敲门，随时可能进来。

感　　情

　　人到中年，感情也感了几次，心也碎过几次，婚也结了几次，才意识到人生最美丽的还是莫过于沉入昏昏沉沉的浪漫感情之中。想起歌德在八十岁还坠入爱情，难怪他能写出《少年维特之烦恼》，难怪他能写出《浮士德》。没能疯狂地爱过的人，写不出维特，没能从爱中冷静地觉悟出人生的人，写不出浮士德的最后一章。

　　人到中年，我早就明白人是可以一爱再爱的，一感再感的。二十岁左右的时候，以为人生只会爱一次，以为自己的爱有多么伟大，在恋爱中遇到问题还威胁要结束生命，想象自己是什么纯情小说中的浪漫主人公，想象自己穿着蓝裙子白上衣，站在悬崖上，要为爱而死，自己爱上了自己想象的形象。如今想起来，自己都脸红，不仅是为青春脸红，也是为自己想象的自我形象脸红。

　　昆德拉在他的小说《无知》中写了一个女学生，她为爱情要自杀。倒不是她怎样爱那个男孩子，而是那个男孩子提出无理要求，要求她不去一个学习营，否则就跟她断交。她把这个男孩子的无理要求当成爱的绝望来理解，以为自己也得将心比心地报答，就在学习营地找机会自杀，把自杀想得轰轰烈烈，好像自己是一个英雄。结果自杀的过程毫不英雄，她最终也没有自杀成，却应为天气太冷，冻掉了两只耳朵，而且一生再也没有与任何男人交往，因为她没有耳朵，再也没有信心了。对昆德拉来说，年轻时代是诗歌的时代，而诗歌，昆德拉根本就不屑一顾，看看《生活在别处》就知道昆德拉对诗歌的态度了。昆德拉给这个女孩子嘲讽的同情。我看了，哑然失笑，同时心情却极为沉重，羞愧，好像重温自己的少年。

人到中年，回顾人生，想来想去那些值得回味和闪光的时刻都是感情的经历。事业的进步、学位、官衔和财产，与刻骨铭心的情感经历相比，黯然失色。对我来说，生命因为有这些感情而有了路标，有了里程碑，有了对人生的更深切的理解，有了对人的苦难和泪水的悲悯，因为自己曾经沧海过，曾经沧桑过。聂鲁达在获得诺贝尔文学奖的授奖会上以这样的标题来表达自己对文学和生活的理解：《我承认，我历尽沧桑》。我非常喜欢这样对感情的描述。如果一个人说"我承认，我事业成功，我腰缠万贯"，这种话中透出的禄蠹气，真让人肮脏死。我是贾宝玉的恋人之一，听别人在餐桌上赞美某某人新提了官，到京城上任去了，或某某人就把持着中国某某行业，好像贾雨村就坐在我身边，听着听着我就想，要是去跟蒋玉菡换腰带汗巾子，那种情调该多么浪漫。

人到中年，明白自己是个天生的女人，眼睛里除了感情外，看不见别的。别的，对我也没有意义。曾经有过一个男朋友，是个百万富翁，开最豪华的宝马车，我跟他出去多少次竟没有注意到。现在的好朋友，天天着迷要买奔驰车，并好像给我荣耀似的说："我买来车后，你将是第一个坐我的车的人。"我听了毫不感动，没有感觉，抬眼看看他，说："我根本不在乎你开什么车。"他大眼小眼地看着我，叹气，再叹气。

那天我坐在楼梯上，他走过来坐在我的身边。我看着脚下的楼梯，这个房子就像一个城堡，一走进门，就盘旋上楼。我看着旋转楼梯往下延伸，看着好像悬崖似的墙壁，我说："我站在悬崖上不知不觉地就掉下去了。我总是害怕没有人接住我。我怕我摔得粉碎。我希望我没有掉下去。可是我无法控制。"他没有说话，只是把我的手放在他的手里。第二天早上醒来，他的第一句话就是："我在悬崖边放了很多网，你掉不下去了，你别害怕。"我刚醒不知道他在说什么，躺在那里想了半天，才明白。我也没有说话。我想象那些网，想象那些网围在我掉下的悬崖四周。我把头靠在他的肩上，我们的年龄加在一起正好是一百岁。他常说："我们已经一百岁了。一百岁，我们历尽沧桑，生命无常，让我们珍惜现在。"

昆德拉的另一本小说《身份》写的就是中年人的爱情。女主人公珊塔正进入更年期，常常发汗，发潮红等等。她与自己的伴侣约好到海边度几天假，她先到达，在旅馆里等她的伴侣让·马克。在等待的时候，她突然意识到没有男人再注视她了，内心中突然一片荒凉。让·马克第二天来到旅馆会她，她面色苍白，只说了一句话："男人不再转过来看我了。"让·马克意识到对珊塔来说，或对一个进入中年的女人来说，这是一个多么残酷的事实。所以他开始给珊塔写匿名信，告诉她她是多么迷人，多么性感。珊塔在这些匿名信的鼓励下，再次感到自己的魅力，再次激发起自己的激情和欲望。最终珊塔发现是让·马克写的这些信。爱情，欲望，谎言，身份与年龄都纠缠在一起，人生扑朔迷离，最后他们和解，小说这样结束：

  她说："我将不让你走出我的视野之外。我将总是看着你，永远都不停止。"
  停了一下："当我的眨眼睛的时候，我害怕了。我怕在那一瞬，在我的注视关掉的那一瞬，一条蛇或者另外一个人滑进了你的位置。"
  他抬起身来，要用嘴唇触碰她。
  她摇头："别，我只要看着你。"
  接着："我要让灯开着，整夜开着，每夜都开着。"

我读完最后一页，把书放在自己腿上，沉默地坐在那里，坐了很久。

调　　情

  一进家门，我对老伴说："今天在飞机上一个人跟我调情。"老伴笑："好玩吗？""当然。"我们心照不宣。两个人都微笑。多年来的生活，我们不用多说，彼此了解，彼此理解。老伴对我跟别人调情或别人跟我调情，从来没有过贬词，原则么，调情是生活的辣椒，不是米饭白菜的主菜。一个只有主菜没有调味品的生活，恐怕不那么笑声朗朗。

调情使生活丰富多彩起来。上星期五收到电子信，系里的军代表、德国海军上校莫格要求我们给学生的评语必须那天交。并说，若今天不写完，就不允许参加"幸福时光"——系里一个月一次的周五酒会。我不知道我也有评语要写，看到自己的名字也在其中，匆忙写了，回信给莫格，说："你的话太可怕，不写就不许幸福了吗？"莫格立刻写回来："你是个好姑娘，幸福都给你。"我们在电子信上调情。晚上在酒会上，我跟他逗着玩，说："我是个好姑娘么？""当然是。"莫格说，还以德国习惯吻我的脸颊一边一下。阿拉伯语教授爱丽丝叫了起来："莫格上校，你是不是给每个人写信都说我们是好姑娘。"莫格说："当然，你们都写了，都是好姑娘。"爱丽丝说："我以为只有我是好姑娘呢。你亲吻睿，我嫉妒死了。"莫格走过去，也向爱丽丝致德国礼节。我们一起笑个不停。本来的公务，因为隐含的调情，变得轻松起来。

调情使平淡的时刻显出光芒来。那天从巴尔的摩坐飞机去明尼阿波利斯，飞行有两个小时的样子。坐在我身边的人，坐下来后就掏出笔记本，写起来。我这是头一次看见一个男人写日记，忍不住好奇，伸着脖子看了一眼他在写什么。他回过头来："我写日记。""男人也写日记。我以为写日记是女人的习惯。"我回答。"我天天写日记，写了四十年了。"他这么一说，我就更好奇了，就聊了起来。原来他来巴尔的摩看望初恋情人,这个女人正在离婚,他来给她感情上的支持。我说:"很像浪漫小说呀。"他却说:"不再浪漫了,是好朋友了。"

我们在飞机上聊了一路,玩笑也说了一路。原来他是个建筑师,专业是古建筑修复。他去过中国,参观过很多古建筑,对中国颇知一二。下飞机的时候,他看看我手上的婚戒,说:"我可以问你多大么?婚姻怎么样?"我笑着说:"我快半个世纪大了,婚姻中没有裂缝。"他把名片给我:"我半个世纪大了,你婚姻中有了裂缝,别忘了给我写信,我也可以去看你。"我们都笑,相逢何必曾相识,这中年的不动声色和动声动色,就在这些彼此都懂得的调情之中。我们走出机场,他说:"这是我一生最愉快的飞行之一。"我点头。我不经意地就认识了一个人,一本我可以打开的书。生活是多么美啊。

调情还增强我们对自己的吸引力的信心。人到中年,很多人慢慢地变得邋邋遢遢,对自己是否还有吸引力不再重视。我常常看中年男女,特别是中国的中年女性,那些不修边幅也不化妆的中年女人,不懂这些女人怎么能把自己放弃了。周末我们常常到外面吃饭,我喜欢看老伴的衬衫上面两个扣子不完全扣上,潇潇洒洒的,他遵从我的意愿,不扣那两个扣。坐在他对面,我忍不住夸他性感。我们去看电影,老伴喜欢看我穿超短裙,我为他穿短裙长靴,我们打扮得好像两个大学生,自己都快乐。

我原来在葛底茨堡学院的好朋友任复礼教授,会和我偶尔在华盛顿见面。我们在第十七街书店见面,他风度翩翩,我也忍不住夸他魅力十足。他低头闻闻我耳间:"换香水了?这次是香奈尔诱惑,不是五号了。"我笑:"你闻香识女人啊。"这些善意的玩玩笑笑,使我们的友谊充满了嬉笑甜蜜的张力和快乐。人生就是使自己快乐,也使别人快乐。如果有机会,我们怎能不为朋友打快乐的气呢?

　　这就是我主张调情的原因。不信你试一试,你的生活也会美好起来。

关于婚姻

祖母的婚姻以及祖母之前的所有婚姻

  我的祖母结婚的时候,那一定是父母之命、媒妁之言,她可能不到十八岁。她结婚的时间大概在1918年左右,因为我的父亲——沈家二爷,是她的第三个孩子,出生于1925年底。祖母是独生女,家庭似乎相当富有,据说是北京城里开当铺的。她上过学,读书识字,没有缠足。我猜她的父母是非常开明的人,也许是因为非常娇惯这个独生女儿的原因,也许是反缠足思想已经在中产阶级家庭被接受了。她嫁给我的祖父,带来的不仅是她自己,还有她家的财富。

祖父家虽然有那个叫"德爱堂"的药铺,但是,中国的家庭财产平均分配制使每个儿子都不富裕,这与西方的长子继承制可以把财富传下去非常不一样。我认为中国之所以富不过三代,也没有产生文化贵族的经济基础,根本原因,就是儿子们平均继承财产的制度。这种制度能使一个有一百亩土地的地主在三代之内变成贫下中农。如果他有四个儿子,每个儿子也有四个儿子,那么他的孙子一个人只有五亩地左右。所以,娶了我的祖母,我的祖父因此可以继续体面地维持他的生活。

这样的婚姻——通过婚姻增加财产,通过婚姻增进政治势力,通过婚姻使敌人变成亲戚,是几千年来中国和西方婚姻的根本意义。中国的婚姻,比如文成公主远嫁吐蕃王松赞干布,做那位西藏国王的二老婆,目的并不是个人幸福,而是唐朝的国家需要。文成公主当然不是皇帝自己的女儿,要是自己的女儿,恐怕他和皇后都舍不得嫁得那么远,所以从皇亲远支挑了一个女孩子,给个公主的头衔,就嫁得远远的,为了伟大的唐朝与吐蕃的友好关系。西方也不例外,皇室互相联姻,巩固自己的政治胜利,缔结和平条约,不一而足。现在我们有这么多好看的关于这些人的电影,的确要感谢那个时代婚姻不是为爱情,而是为了政治和阴谋。政治和阴谋再加上性关系,历史变得有意思起来。

不仅中外的上流社会,中下层阶级社会,婚姻的目的更不是个人幸福,而是"拉关系"——增加政治势力,增加财产,增加人口——

人口是劳动力的载体。一个男人因为妻子的嫁妆，就不仅是娶了一个女性生产力来，也得到一大笔本来与他无关的财产，可能是他在父母去世之前得到的最大的财产。一个贫穷的农民家庭因为娶媳妇就娶来了一个现成的劳动力。任何家庭都会因为婚姻而增加人口，进行人口的再生产。可见婚姻的主要意义，在过去历史的三千年之中，西方直到十八世纪中，中国直到现在很多地区，仍然都主要是政治和经济的意义。

这个意义太大，自然很少有人让年轻人自己安排——他们太不谙现实了，自然是父母之命、媒妁之言，长辈人做出政治经济决定，这里的长辈自然是男性居多。女性在婚姻中，即使结了婚，带来了财产，也未必有任何权力。历史上中国的男性可以根据七条他不满意的任何一条把妻子送回娘家去，这七条一是无子，二是淫，三是不顺父母，四是口多言，五是盗窃，六是妒忌，七是恶疾。妻子没有一条可以把丈夫踢走。如果不生育是丈夫的原因怎么办？我不太清楚，可能还是怪罪女人，把女人送回家。富有的男人有好几个小妾，女人不许妒忌，一妒忌就送回家去。恶疾是"耳聋、眼瞎、腿残"，过去眼镜还没有发明，任何近视眼的女人就倒霉了，男的要是近视眼，怎么办呢？

西方的男人也享受绝对特权。妻子一结婚，她的财产就归他所有，她后来挣的钱也都归他所有。直到十九世纪末，欧洲和美国的丈夫还有法律权力对妻子进行身体限制、禁锢、惩罚。婚姻中除了男人对女人有绝对的权力外，孩子们的命运也好不了多少。女人能生育，那个时候没有避孕药，女人每次性活动都可能怀孕。我现在想起我的祖母，祖母的母亲，上千年古今中外一切在避孕药发明之前结了婚的女人们，每次性活动都可能导致怀孕，每次生孩子都可能是生死存亡的一关，那是多么恐怖。难怪很多女人宁愿丈夫找个妾来，至少能避免自己不停地怀孕。

孩子生下来了，教育的事情，父亲一般不管，是母亲的事情。孟母三迁，母亲负责安排教育环境，督促鼓励和批评孩子。养孩子的目的是为了自己老年有所养，那时没有社会保险，国家不管老年人。孔子曾经提倡国家给每个老人社会保险，但是儒家的社会什么都遵从孔子，就是不遵从孔子的社会主义理想。所以养儿防老，孩子是未来的投资，动不动就挨打，确保他们学会孝顺和服从。在这点上，中外皆同。

婚姻是为了个人幸福，也是为了孩子的快乐成长——这个意义的出现并逐渐代替主导了人类婚姻史的政治、经济意义，在西方是启蒙运动开始以后的事情，在中国是五四运动以后的事情。

美满婚姻与智商

我以为这个世界傻子是比较容易有美满婚姻的，因为一个智商低的人对感情的质量要求可能不会很高。美满婚姻的必需——两个人的深深理解和相知就不是必需了。可是，我这样说的时候就可能犯很大的错误，我怎么知道两个傻子在一起就没有深深的相知呢？最近我看了一个电影，西班牙的著名导演阿尔莫多瓦的《和她说话》，讲的就是一个智力有些问题的男护士对一个女病人温柔的、疯狂的、绝望的、铤而走险的爱情。可见智商与爱情没有什么关系。因此本段的第一句话可能是偏见。不过，爱情与婚姻还不是一回事，伟大的爱情不见得产生完美的婚姻。

我之所以有这种偏见还因为我听过很多人说，智商高的男人婚姻容易美满，而智商高的女人的婚姻不容易美满。原因倒不复杂。智商高的男人通常与智商比他们低的人结婚，因此他们的生活充满了被崇拜的阳光。男人的阳刚之气，包括他们的性能力都需要被崇拜才能生长。越被崇拜，他们越强。女人相反。智商越高的女人通常婚姻越不能美满，因为，简单得很，聪明反被聪明误！王熙凤可是能干漂亮的，但是贾琏宁愿与多姑娘在床上滚。王熙凤，里里外外让贾琏显得那么猥琐，虽然贾琏在贾府是仅次于贾宝玉的第二大美男子。

中国文化中理想的婚姻是齐眉举案的。妻子把小桌子举起来，举到与眉毛相齐的地方，供上酒菜，微微地抬起眼睛，不敢正视丈夫。丈夫在这种被崇拜中二两酒下肚，感觉特好。可是，贾宝玉说："纵使是齐眉举案，到底意难平！"这个贾宝玉，真真是一个痴货！对顺从的妻子不满意，偏偏每天给小心眼的林妹妹赔不是。不就因为林妹妹做诗做得比他好，林妹妹悟禅也比他悟得深刻，林妹妹读书读得比他认真么！可是林妹妹有什么好结果呢？丈夫没找到，还送了自家卿卿性命。读《红楼梦》我悟出一条道理，女人可千万别太聪明，女人，还是傻点好。傻女人招聪明的男人爱。女人最好智力如在大观园里唱歌的傻大姐，性功夫如外面来的多姑娘（性经验多的女人有功夫），贾琏，贾珍，贾府里的上上下下的老少爷们，无一不快乐。

我是在北京的四合院里出生的，经常觉得自己还生活在贾府时代，这种错觉到今天移居美国多年还经常出现。我奇怪贾宝玉为什么放着好好的中兴的日子不过，老婆孩子都不要了，偏偏披着大红镶金的斗篷出家，不就是为一个聪明的女人吗？值得吗？我们中国居然有这样的男人，真够奇怪的。大概他不是男人。他长得很像女孩儿，他的性别有些错乱。

我还是坚持我的偏见吧：男人要聪明一点，女人一定要傻得多，或者两人都傻到一块去，婚姻就一定很幸福、美满。这个世界傻子是比较容易有美满婚姻的，因为要求不高，无非是吃喝拉撒睡而已。其实智商高的人也要吃喝拉撒睡，本质上有什么区别呢？区别也许就是，到底意难平！不过，"意"是什么呢？谁需要它呢？除了贾宝玉以外，贾府上上下下的老少爷们，没一个需要它的。

婚 姻 的 意 义

婚姻的意义是什么呢？近来我常问自己，没有确切的答案。左右旁边的朋友，有在婚姻中的，有订了婚等着结婚的，有不要结婚只在一起生活的，有离婚的，有多年单身的，每个人都有自己的生活形态，好像没有一个定义。我的好朋友去年八月订婚。订婚前几乎每天给我打电话，报告未婚夫求婚的可能。我们在电话里分析他什么时候会求婚等等，我好像和她一起等待那个激动的时刻到来。与此同时我的另外一个好朋友正在和伴侣分手，天天不吃不喝，为伊消得人憔悴，给我打电话分析分手的原因，她自己都不清楚为什么多年在一起现在分手。我自己思量，要是他们多年前结婚就好了，就不会分手了，婚姻是一种保障。可是我自己都不相信我自己的话，因为婚姻其实什么都保障不了，最不能保障的是心的变化。

　　我的好朋友林两个月前来我这里，我们天天讨论男人女人的问题，她概括为我们讨论自我成长的问题。我笑，没想到这样日常的谈话有这么深刻的意义。不过她是对的，通过交谈我们在寻找和分析自己的人生道路。她说，她不要婚姻，有婚姻就没有自由了。她要做一个自由的有自主权的女性。我很爱慕她，欣赏她的独立、美丽和聪慧。可是，婚姻使我们不自由吗？

　　萨特和波伏娃也许是世界上最著名的没有结婚的终身伴侣。他们的伴侣关系，如同每一对伴侣一样，有很多波折，高潮低潮，分崩离析，紧密无间等等。萨特是性无能，一个性无能的男人对性的需要就可能更为诡异。波伏娃不但容忍萨特的性怪癖，还帮助他找年轻的女人，目的是为了让萨特感到性福。在世人面前，波伏娃很没有面子，使这个女权主义理论家很自相矛盾。她自己对爱情的寻找使她跨过大洋，来到美国，追寻给自己幸福的人。可是她最终还是回到萨特身边，如同萨特最终回到她的身边。没有婚姻，可他们终生相守，死后也在彼此身边做伴，比很多婚姻都牢固。

你愿意来生还和你今生的丈夫/妻子在一起吗？昆德拉在《不朽》中通过主人公阿格尼丝的生活探讨婚姻、爱情、性爱、不朽等的意义。阿格尼丝想，如果一个人在死的那刻，真有最后审判，审判者问你来生是否还愿意和你生命中的伴侣再结成伴侣。如果回答是愿意，那么审判者会让你回到人世间，再与你的伴侣同活一次。有多少人会回答愿意呢？或者回答是愿意，其实另有企图呢？只有真的回答才会算数，因为审判者是知道的，想蒙蔽审判者是不可能的。阿格尼丝怀疑有多少人真的愿意和自己的伴侣再次结成伴侣。我们的生活有这么多选择，我们真的愿意与同样一个人再活一生吗？

我的孩子说："为什么结婚就一定想到要结百年之好？如果能在一起生活，相亲相爱一辈子，那自然好；如果没能，但是共同走过人生一段路，不是也好吗？"他还说："二十多岁就是结婚的年龄，等到三十岁吗？四十岁吗？四十岁该是离婚的年龄了！无论做什么事，一个人永远也不会完全准备好。结婚这种事，人们怎么准备？只有结了婚之后才能知道自己是否适合结婚。就像一个人学习游泳却从来没下水，他不知道他是否准备好了游泳，只有到水里后他才知道游泳是怎么回事。"我的孩子对世界的很多事都有自己的想法。

所以，我为今天结婚的幸福的人儿衷心地祝福，虽然我担心他们没有准备好。他们结婚回来，给我打电话说："我们结婚了！"我祝福他们，问自己，婚姻的意义是什么？我结过两次婚，却无法回答。正是深夜，我一个人坐在起居室里看外面的夜晚，外面的月亮一定很亮，因为那些童话一样的房屋在树林旁显得神秘而美好。我看着外面，想，未来是他们的。我们能为未来做好准备吗，根本地说。

母亲和我的头发

刚到北京母亲家的那一刻,我拽着行李箱,进门。母亲在楼道里听见我的声音,出来迎接我,我进门后她跟着进来了。我放下东西,她坐下来,抬头看着我,说:"怎么头发还是这个样子?难看劲儿的!你看看你姐姐,人家的头发烫得好看极了,而你的头发,一年都没变化。"这是母亲对我说的第一句话。我听母亲这样说,摇摇头,没说话。这就是我母亲,一年没见,第一句话不是问我的旅行,或问任何事,而是挑我的刺儿。这就是她表达爱的方式:说让你不爱听的话,让你意识到她不满意你。这叫心疼你。这叫一家人不说两家话。这叫自己家人不必客气。

当天我因为倒时差,夜里十二点就睡不着了,早上五点又躺下了,第二天八点才起。我匆忙洗头洗澡。北京的空气让我觉得自己浑身都沾着脏土,总是忍不住想洗澡。洗澡出来,站在镜子前我用毛巾揩干头发,母亲坐在饭桌前看着我:"你的头发从来都是乱蓬蓬的,一点儿都不整齐,也不好好梳梳。"我听了,这次忍不住为自己辩护:"我喜欢这样的头发,简单。"我看看母亲的头发,她是烫头的。她继续,把拢子递给我:"你就不会拿拢子梳梳头?梳梳就好看多了。"这是母亲的关怀,她并不是真的不满意我头发,但是她找不到一个渠道表达她对我的关怀。

我常常想头发是母女之间一个永恒的话题。通过谈论头发,母亲与女儿之间的权力以及情感关系得到表达。母亲的赞许也许是鼓励女儿,也许是对自己的肯定。母亲的否定,肯定是对她自己的肯定。我的头发,这一辈子都没让母亲满意过。虽然我知道她在关心我,可是从我进门不到十五个钟头,她已经两次批评我的头发。我不知道世界上有多少母亲批评女儿的头发,我猜一定很多。母亲就是通过这种方式来使她们的女儿觉得,她们还不够好,或者好得不够。她认为爱我的方式就是时时刻刻提醒我做得不好或不够,她希望我是一个完美的女儿,甚至是漂亮的女儿。

我一边揩干头发,一边想,第一,我的头发不好,肯定是小时候营养不良的产物,我的头发稀疏而黄,明摆着是小时候没吃过钙片,是母亲的错。第二,小时候她给我梳小辫,梳得我头皮都绷起来,两只眼睛成了吊眼,难受极了,她梳小辫的方式其实是一种虐待。第三,她一直叨唠我的头发如何不好看，在我看来，她说的好看，都是跟别人的一样，别人烫发她就烫发，别人梳分头她是不是也要梳分头？我在心里反叛着，把这些话都想了一遍，心里平静一点，表面上什么也没说。

我原来以为只有中国母亲才对女儿的头发如此控制，后来我意识到自己错了，其实全世界的母亲都对女儿的头发评头论足。我曾在一本书中读过，一个也是人到中年的女儿去养老院看年迈的母亲，母亲已经老得不怎么能说话，见到女儿，突然说："我觉得你要是把头发往后梳，要好看得多。"表面上看，这好像是表扬女儿，实际上，那天她的女儿正好把头发披散着呢。母亲用这种非常巧妙的方式，再次与女儿构成权力关系。

女儿有了女儿，会怎么样呢？我只有一个儿子，我对他的头发不太在乎，虽然我也给他一些建议。我对外甥女米芽的头发就在乎得多。每次访问妹妹家，我都给米芽梳头。米芽的长发是我和妹妹的一个话题之一，该梳成什么样子，今天是这个样子，明天那个样子之类的。我思考母女之间关于头发的关系，发现母亲批评女儿的很多时候，都是头发，虽然母亲也批评女儿的装束、花钱的方式等等生活中的一切方面。头发常常是母亲最不满意女儿的方面，通过头发，母亲实践的是社会标准对女儿的控制或教育。

母亲在美国跟我一起住的时候，我常常给母亲梳头发，甚至给她染发。她其实不喜欢，却容忍我。此刻我看看母亲的头发，实在话，我也不喜欢母亲的头发。我说还是不说呢？

母女的链条

我越来越像母亲了。早上起床，醒来后躺在床上，第一个念头就是母亲，母亲的形象飘进思绪里，伴着我醒来。总是这样，我第一想起来的就是母亲在北京的公寓里早晨起床前躺着的样子，我能想象她的姿势，她看着窗外，她的侧脸上的阴影和光亮，她的眼睛，她的鼻子……我能看得见每个细微的地方，历历在目。几分钟后我像模仿她一样起床，去厨房烧水，打开收音机——ipad里面的电台，一边听广播，一边等水开了，做咖啡，做茶，同时我还莫名其妙地咳嗽几声，声音完全像母亲。我惊讶：难道母亲的灵魂进入了我的身体吗？是我下意识地模仿母亲，还是我真的在慢慢地成为母亲？

世界上的母亲和女儿是不是就是这样血肉相连环环相扣呢？生命的链条环环相扣，一环掉了，另一环接上，生生息息地母女生命相传。记得一次带母亲去市政府为妹妹办一个文件，夏天，天气热，母亲站在外边等我。我匆匆地出来，远远地看见树下站着的母亲，一刹那我竟愣了，以为那是我的姥姥，我母亲的母亲。她们那么相像，站的姿势，仰头等着我的姿势。我跑过去，对母亲说："啊，您可真像我的姥姥。"母亲点头："人老了都像自己的妈。"我现在也开始像我的妈了。将来呢？我没有女儿，不会有一个女人在五十年后像我此刻这样感觉她就是我，我的生命将在我死后彻底停止。

自母亲去世，我深刻地感觉母亲的生命就在我的身上，我几乎是下意识地在继续母亲的生命，我在逐渐地成为我的母亲。看镜子，看镜子中的我，我试图找出自己和母亲相像的地方。我像母亲吗？她年轻的时候比我漂亮，她有一双明亮晶莹的眼睛，她的大眼睛让她明眸照人。我没有母亲的美貌。

母亲出生在北京。记得我很小的时候，一次她带着我去看她出生的地方，东四十条的一个大院子。大院门在路南，我们没有进去。她讲他们院子里的故事，北京城里的普通市民的故事，他们家的日本邻居的故事。记得她说他们的日本邻居喜欢要她帮他们打扫家，每次打扫完，他们就给母亲一些打扮的东西，比如口红什么的。母亲说自己抹了口红回到家，姥姥见到了，气得拿起火筷子打她。我听了抿嘴笑，想象八九岁的母亲抹口红什么样。

母亲的父亲在北京城里开始打工，后来做小买卖，还成立了一个小公司，家境渐好，就把钱寄回故乡买地。1952年家乡土改，姥姥姥爷得到消息，听说要把他们辛辛苦苦挣钱买的土地分给别人，他们气急败坏地回农村去了，要保护自己的土地，要眼巴巴地看着自己的土地，绝不让分掉。当然他们的土地还是在他们眼巴巴的注视下被分掉了。他们垂头丧气，土改之后立刻搬回城里也不可能，他们也没有想过户口问题——那个时候还是自由迁徙时代。母亲不习惯农村生活，一个人回到城里，一边在饭馆工作，一边学习会计，就是因为学习会计，而认识了父亲。父亲是母亲的老师，这师生恋导致父亲的婚姻破碎，导致很多人不快乐的一生。

我姥姥的一家人呢，失去了他们血汗钱买的土地，成为人民公社的一员。我的舅舅很会读书，可是他开始读初中的时候，正是大跃进时代，他们的村庄合作化了，不久他们的村庄开始挨饿了。1959年大饥荒开始，饿得舅舅不能去读书，因为姥爷从家乡出走了。我姥爷听说东北那个地方能有吃的，他才五十多岁，他说一旦找到吃的，就回家接他的妻子儿女，于是他只身一人到东北去了——那时那里还叫做北大荒。可是，北大荒不是米粮仓，他没有找到吃的，他因饥饿而浮肿，死在东北，尸骨没能还乡。他的饿死的尸体跟成千上万的饿死的尸体一起被丢在北大荒的某个地方，没有人知道他到底被埋在哪里，甚至他是不是被埋了都是疑问。多年后舅舅跟我说起这事，还眼含着泪水。

我的姥爷去东北之前来过我们的家。我那时三四岁，在我童年的记忆里，居然还记着姥爷，似乎觉得那是我第一次见到他，当然也是最后一次。记得他带来了我从来没见过的红樱桃。红樱桃，鲜红鲜红的，在黯淡的家的背景下如此突出，如凝固的油画烙在我心底。我一边吃，一边看着他跟母亲聊天。他盘腿坐在床上，我也坐在床上，床上有个小炕桌，那盘鲜红的红樱桃就在桌子上。

姥姥和母亲的相像是我在母亲六十多岁后才发现的。现在我也开始像母亲了，我咳嗽的声音非常像母亲，咳嗽的时候，我有时自己会惊怵地停下来，想，是谁在咳嗽？我还是母亲？我甚至有时故意咳嗽，为了找回母亲的感觉。听到自己的咳嗽声，我好像听到母亲的声音，好像感到母亲真的在我的身边，我用这种方式感受母亲。

去年夏天在母亲北京的公寓里，我开始写母亲的故事，可是回到美国我的电脑被偷了，写的故事也丢了。一直想继续写，可是还没有开始，甚至不知怎么再开始。

今天早上雾雨濛濛，我不到五点就起来了，在电脑上看母亲的照片，想整理一本母亲的照片集。不知为什么我竟累了，七点多一点又回到床上，再醒来时已经九点，学校今天是教授新学期大会，九点开始，我匆匆地开车，大雾浓密，细雨沥沥，赶到学校，听漫长的会议，我跟一个朋友在微信上聊天，会开到下午，我回到办公室，把明天开课的东西准备好，就去游泳。

游完泳回到家，阴雨的冬天，家中也幽暗。点上蜡烛，跪在壁炉前,给母亲烧纸钱。我跪在母亲像前,跟她说:"妈,不知道您在哪儿,不知道您是不是真的需要花钱,猜您不需要,可是我还是给您烧纸,我也不知道为什么我这么做,只有这么做才行。您别担心我,我过得很好。我就是想见您,就是想念您,就是想听您咳嗽……"

世界上真有灵魂吗?世界上人死后到底去哪里呢?母亲真的需要这些纸钱吗?我信吗?不信。不信我为什么做这些?为了那无形的安慰,不知是安慰逝去的母亲,还是安慰永远也无法安慰的已经没有了母亲的我自己。

走向女权主义

1976年7月27日,唐山大地震的前日,盛夏酷热,我和七八个同学打好行李,搭车到了顺义县城。在县城,我们把行李背上,向三十多公里外的一个山村行军。

我们是高中最后一年级的学生,这是我们中学时代最后一个暑假。半年后我们就要毕业了,毕业后的方向似乎只有一个:下乡插队。我向几个同学提议暑期去山区做社会调查,调查山区农民生活。我的提议居然被几个同学响应了。也许我们都觉得所谓的社会调查,就好像是下乡旅行。我们都为集体活动兴奋不已,所以放暑假两三个星期后,我们就出发了。

如今回忆起来,事情好像那么简单。事实也的确那么简单,那时还在"文革"之中,虽然已近尾声,可我们并不知道是在革命的尾巴里,没有预见到毛泽东和他的时代都很快就会过去。我们成长在文化革命时代,"文革"开始的时候我们上小学一年级,时代造就了我们,一个没有老师参与的社会调查就由几个学生自己决定了。其中的一个同学的父亲是当时顺义县委书记,几个电话后,目的地就找好了。

那天晴空万里,热不堪言。我们自愿从顺义县城不再坐公共汽车,走着到山村去,当然不是每个人都愿意这种自找苦吃的大行军。七月骄阳,我是坚持走着去的人之一,我认为这是对我们意志的锻炼。那天,我正好第一天来月经,小腹揪扭着痛,腰酸腿软,难受得直想趴下。可是,"时代不同了,男同志能办到的事,女同志也能办到"。在这种信念的鼓舞下,我咬着牙,精神昂扬地走在前面。

我成长在相信男女都一样的时代。报纸上,广播里,课本上,我们学习的都是男女平等的理论。具体男女怎样平等,在那个时代看来,平等就是一样,就是女性也可以做通常是男性做的工作,就是女性具有通常认为是男性的性格,就是女性也穿男性的服装。男女一样,没有差别,就是我们理解的男女平等。

在这种时代成长,我天然地相信男女平等。在任何事情上,我都没有认为自己比男孩子差,而事实上,我几乎比我认识的任何男孩子都强。那天的行军,就是我自强的证明,我不但可以跟男孩子一样行军,还可以比他们更吃苦,更有毅力和顽强。

那晚我们留宿在燕山脚下的一个小乡村，我们的目的地要第二天才能到。第二天的黎明就是震惊世界的大地震。在地动山摇的刹那，我以为是山上的水库决堤了，我感到从地下滚滚涌来的像洪流奔涌的波动。在黎明的微光中，我被地动山摇摇醒，不知道发生了什么。一切都发生得太快，太短暂，来不及想，等意识到是地震时，地震已经停止了。住在不同的老乡家的同学们大声地彼此呼唤，跑来聚集在一起。哪里地震了？不知道。怎么回事？不知道。

那还是电视时代之前，我们这七八个同学里还没有一家有电视，何况在一个无名的小山村里。没有电视，没有广播，我们对外界一无所知。我们却没有犹豫，坚持继续向小山村行进。我们都年轻，我们都被革命的理想主义激情燃烧着。又走了整整一天，傍晚到达目的地的时候，胶皮的月经带已经把我的大腿内侧都磨破了，疼痛难忍，但我没有吭一声。我为自己自豪，觉得自己比坚强本身还坚强。

今天回忆起来，我觉得这件事很有象征意义。那就是我们那一代人成长的缩影，相信男女都一样，就是女孩子也有一个强烈的、坚强的自我：像一个想象中的出色的男孩子一样。

在这种意识形态里长大的我，1978年3月上了大学，成为"文革"后的第一批大学生。大学期间，我交了第一个男朋友，与他有了第一次性经验。就在毕业前夕，我突然发现了他的背叛。在震惊与恐惧之中，我决定和他分手，却没有分手成。他的父母来到学校恳请我原谅他。我哭着给父母写信，不知该怎样做好。我的父母来信也说应该原谅他，因为一个男孩子花心并非不正常。他的父母说，浪子回头金不换。我太年轻，不知道该怎么办。我从来都是一个好女孩，我同时为自己不再是处女感到恐惧，种种原因，我原谅了他。

　　这个痛苦的经历让我开始怀疑"男女平等"这个信条。那个时候，1981—1982年之交，一代人突然都接受了萨特的存在主义，都在大谈理想的幻灭。与我生活和经历相关的幻灭却是极为具体的：男女不一样。一个女孩子结婚前要是处女，一个男孩子却没有多大关系。我站在恐惧与羞辱中不知所措。大学毕业五个月，就结婚了，一年后，孩子就出生了。从此我的生活如同千万个中国城市女性一样，不但要天天上班，还要带孩子，做家务。我不知道还有别的生活方式，我身边的每个女性都是这样生活的。

　　但是，这种生活让我喘不过气来，有什么东西一直压在我的心中，在我的身上，那就是我实实在在感受到的生活的重负，那是一个女人的生活的重负。在办公室里我要同其他男性一样，没有人因为我是女人而原谅我工作失职。在家里我要带孩子，做家务，丈夫并非不帮忙，可是他是帮忙的，主责天然是我的。每天从孩子一睁眼，到孩子睡觉，我忙得根本没有功夫做自己想做的事情。有天早上，我骑车先送孩子到幼儿园，然后上班，看到路上很多人看我，我不知所以然。直到有一个人大声地冲我喊，"你脸上怎么了?"我停下车，摸摸自己的脸，看到手套上全是面霜，才明白我忙得把擦脸油放在脸上但是没顾得抹开。

我很想继续上学,去读研究生,可是我没有时间复习功课。我的善良的婆母对我说,"你干吗要读书呢?你能读出什么来呢?你有丈夫儿子,你丈夫读书不就很好了吗?"婆母为自己的儿子自豪,因为丈夫很会读书。大学毕业的时候,由于那件背叛之事在当时的学校和社会环境中被认为是道德问题,他被处分,后来回湖北的一个师专工作。我们结婚三年后,他来北京在《诗刊》借调上班。

他是诗人,读书是他的天职;我是女人,虽然我也一样大学毕业,但我的"天职"是做妻子和母亲。为了给他时间和空间看书写作,多少个周日的下午,我带着孩子去景山公园里的儿童游戏场。我甚至不能和女伴一起玩,如果我的女伴来了,他就会嘟嘟囔囔,抱怨我们谈话没有水平,浪费时间。后来我干脆不邀任何女伴来玩,省事。如果我要出去和女伴玩,他就会在我出去前抱怨不停。一次我和女诗人童蔚约好下午见面,他整个上午就不高兴,在我出门前跟我大吵一架,结果我就没去成。那个时候,也没有手机,我无法通知童蔚,害得童蔚在王府井大街白等我一场。

那个时代,报纸上也时时刻刻在宣传男人为"四化"做贡献,女人为男人的成功做贡献,当好贤内助。记得当时有个电影叫《乡恋》什么的,其中的女主人公在电影中只说一句话,她对她的丈夫说,"我随你。"报纸一片欢呼,认为这是中国妇女的楷模。

可是我还想上学。1987年冬天,我没有让单位知道,偷偷地报考了北师大的研究生。考试是过完春节后的二月份,可他邀请了他的全家来北京过春节，理由是我们刚刚有了一间房子，他的父母还从来没来过北京。我请求他说，"能不能明年再请你的家人来？今年我要复习功课。"他没把我要考试的事情当回事。他的父母弟弟妹妹四口与我们三口人住在一间二十平方米的房间里过年，我哪里有可能看书？更糟糕的是我又怀孕了，我担心如果告诉单位，单位会因为我破坏了计划生育指标而生气，所以我一个人骑车去宣武医院做了流产，又一个人骑车回家，一天之后就上班了，没有向单位请假。丈夫没有送我，也没有接我，对他来说，看书比送我接我去做堕胎重要得多。

我研究生没有考上。他毫无同情地说，"我知道你就考不上。"

我们那时住在北京琉璃厂旁边的一幢古老的房子里。我们的隔壁邻居是一对工人夫妇，妻子是一个善良热心的人，我们刚搬来的时候她给我很多指点。搬来不久，听到他们吵架，听到妻子在楼道里尖叫着乱跑，我听着听着，忍不住了，出去拉架，看到妻子血流满面，血滴答着，溅在她的鞋袜上，那个丈夫跳着脚又打又骂，骂自己的老婆是"二婚头"。原来他们都是第二次结婚。我忍不住抗议："你不是也是第二次结婚，凭哪条骂她？"他却自得地说，"男人结多少次婚都没有关系，女人让人破了身，还有谁愿要？我要她就不错了。"

现实生活和我所相信的男女平等的理想相差如此之远，我不知该怎样解释这一切，我只恨自己生为女人。我常常在夜深人静的时刻做一点自己想做的事情：读书和写作。我写的东西常常被丈夫讥笑，一次我写了一个短篇小说，他看了后，嘲笑我说，"写得比卡夫卡差远了。"

平凡的生活把人的梦想都磨灭了,暴力居然出现在我的生活中,让我深深耻辱。一次丈夫把我珍藏的毛泽东的像章,不经我同意就送给一个外国留学生。我不高兴,从那个留学生的中国女朋友家出来,我抱怨此事,他在大街上一巴掌打过来,我的鬓角至今还有一个伤疤。那天是亚运会开幕的日子,全国都喜气洋洋的。

1992年的春天,英国汉学家艾华来北京做研究,住在民族饭店。我对艾华和她的工作一无所知,只知道她是一个汉学家。那时丈夫已去了英国,就介绍艾华来找我。

艾华来了,她说她是做社会学研究的。我的家那时在西单大街路北的白庙胡同,离民族饭店很近,所以艾华天天都过来,我们就整日地聊来谈去的。慢慢地我看到艾华在做的事情。比如她喜欢收集报亭里的各种杂志,特别是那些俗里俗气的以女性照片作封面的杂志,我不明白她在做什么,问,"这些难道也是你做研究的材料吗?"艾华点头,解释说她正在写一本书,关于中国的性别构建,特别是1949年之后的性别构建过程。我听了,不知道艾华在说些什么,只是点头,表示尊重。我那时以为研究是很神圣的,不明白那些通俗杂志有什么可值得研究的。艾华跟我谈得更多的是生活本身,比如孩子家庭和男人等等。艾华比我年长几岁,没有结婚,和一个男朋友住在一起,那时已经有了一个孩子,正努力创造第二个孩子。这是我第一次与一个西方的女学者天天泡在一起,我观察她,对她的生活和工作都很好奇。

我对她没结婚并不觉得有什么新鲜的，因为那时我已经从报纸杂志上得知，西方的很多女性都是不结婚的，我的几个美国来的英文老师也都没有结婚，所以我误以为西方人不结婚是正常的。跟艾华谈及婚姻的时候，我就说到这个，艾华大笑，纠正我说，"不是的，西方的主流社会女性也是以结婚为主的，大多数女性还是选择结婚。"我听了后觉得很奇怪，"真的吗？那你为什么不结婚呢？"艾华听了我的问题，变得严肃起来，说，"任何男女在一起都会构成一个权力关系。任何一种权力关系都不会是真正平等的。我追求真正的平等，所以选择不结婚。"

我听了，愣在那里了，"权力关系？男女在一起一定会有权力关系吗？"我不明白。"当然。其实任何人在一起都有一定的权力关系，比如家长和孩子，丈夫和妻子等等，都构成权力关系。权力结构，power structure，几乎无处不在。"

艾华的几句话震动了我。我从来没有这样想过夫妻或男女的关系，从来没有从这个角度来想人与人之间的关系。艾华走了之后那晚，我一个人久久地沉浸在艾华的话引起的震动之中，我觉得她说得那么对，可我怎么从来没想过呢？我那时已在社科院外文所工作，在文艺理论译丛编辑部里做编辑，也在知识分子成堆的地方工作，可是从来还没有人能用一句话把我一生感觉到的东西，男女之间的关系和权力的不平等，说得这么清楚。

第二天艾华来了。我们继续聊天，我穷追不舍，问各种各样的问题,"你的想法是哪里来的?"艾华谈到女权主义运动和思潮,还说到福科。对女权主义我略有所知。1989年,湖南文艺出版社翻译出版了玛丽·伊格尔顿编选的《女权主义文学理论》,北京大学也于1992年出版了一本由张京媛编选的《当代女性主义文学批评》。这两本书我都有,也读了,可是没有读懂。前者翻译的是一些短篇的文章,是直接从英文的一个选集翻译过来的,文章虽短,我看了,很多都不明白。后者是张京媛自己编选的理论文章,有的翻译得很出色,也容易懂,比如埃莱娜·西苏的文章《美杜莎的笑声》,我读过很多遍,明白她号召女性拿起笔来写作,可是,她的诗意的语言,破碎的句子,还是让我如坠漫天大雾之中,不明白她到底要表达什么。她把女性的身体说成是黑色的大陆等等,也让我觉得神秘而不可解说。我已经从好几个中国女诗人的作品中看到黑色的大陆之类比喻女性身体的写法,而我觉得如果女性的身体和精神是黑色的大陆,这种自我强调的与男性的不同,反而进一步把女性神秘化。我对神秘化女性,不太以为然。

1992年前,中国大概只出版过这样两本女性主义的书。我读过,却没有读懂。我那时遇到不明白的理论,就想自己大概天生不是念理论的脑袋。我以为自己是一个女人,大概感情丰富,理性不足。那时,丈夫多次对我说,"你是哲学的天敌,永远也不会理解理论。"我相信他,我天生就不是理论的材料,我看不懂理论。

我对艾华说自己对女权主义理论感到害怕,因为我读不懂。再说,女权主义有什么用呢?中国女性已经不是已经很有权了吗,难道还需要更多的权么？艾华对我说的，并没有表示不赞成。她只是问我读过什么。我期期艾艾地谈到这两本书，并把它们从书柜拿出来给艾华看。艾华看了看，说，"你应该多读一些，仅仅凭这两本书，还是不够理解女权主义，我会给你寄一些书，希望能对你有用。"

几年后当我读过一些女权主义理论书后，我才意识到艾华当时的平静是多么可贵，而我当时是多么无知。无知者无畏，因为无知，我就敢说女权主义理论在中国无用。艾华说的女权主义那么清楚易懂，就是我的生活和感觉。可是在接触女权主义之前，我一直以为理论是抽象的，与生活现实没有关系的，好像任何与生活有关的东西都不会高贵地成为理论。而艾华的话，她所阐释的理论，像一副眼镜，用这副眼镜，我突然看清了现实，看清了我自己的生活。这副眼镜，艾华只是给我看了一眼，我想知道更多，更多，我想获得这副眼镜，我渴望学习这种理论。

1993年春艾华又来了，说她的书已经基本写好了，再来核实资料。我还是不太清楚艾华到底写了什么书。1997年艾华的书《中国的妇女与性：1949年以来关于女性性行为和社会性别的统治话语》出版了，我那时已经在美国，一个下午就把她的书读完了，我才明白她到底是来中国做什么的，原来是这样一本书！《二十一世纪》杂志于2005年2月号专门刊登了书评介绍这本书。而我那个下午读的时候，很多时候都把书放下，一个人抿嘴微笑，意识到自己走了多么长的一条路，才到达艾华的书。

1994年的秋天,我把十一岁的儿子留在国内,一个人向美国飞去,去留学。第一个学期我选的课全是与女权主义有关的:女权主义理论与发展史,女权主义文学批评阅读。妇女研究系的主任问:"你为什么要学女权主义?"我回答说:"因为我是一个好女人,好妻子,好母亲,好姐妹。我想理解为什么我成为这样的女人。我想理解女人。"

就是从贝蒂·弗里丹的《无法命名的问题》一文读起,我进入了一个我从来没有进入的领域:理论。我后来在1997年给朋友林木的一首诗歌中这样写到自己来美之后对理论的发现:

> 我的书架上——来美三年我有了三个书架——排满了
> 不整整齐齐的书:女权主义理论,文学理论,电影理论,理论——
> 我泡在理论中。生平头一次觉得理论比很多小说好看,
> 有时也比诗歌耐读。在中国的时候,有一次开玩笑,丈夫说我是
> "哲学的天敌。"因为,女人没有理论的脑子。沈睿的头脑不是
> 理论的头脑。我有点恼怒,又觉得他也许说得对。
> 没有一个人对我说过我可以读懂理论书,从小到大,到我三十六岁。
> ……

我开始读女权主义。我知道女权主义在谈什么。

她们在谈论我的生活,我经历的一切,我感知的一切,

我的身体,我的疼痛,我的历史,我的命运。

我知道我不是一个人经历了这一切,

我是和所有的女人一起,

我是和我的母亲,婆母,姐妹。古往今来,

我们是不如男人的人。

如果男人是人,我们女人只是半个人,或与"小人"等同,

如我们的思想奠基人孔子所说。

女人的脑袋比男人小,个子比男人矮,力气不如男人大,

为此,女人要服从比自己大的,高的,力气壮的。

要三从四德,从父从夫从子,即使他们全是笨蛋。

女人有月经,女人脏,女人是祸水,是狐仙。

可男人的一半是女人——注意这里的语义错误:

常识,人类的一半是女人。

概念就这样被偷换了。男人自以为是整个人类。

(我记得同名小说被热烈地欢呼过。作者得意洋洋,

在最近的一篇文章中说:"女人是男人欲望的对象,有什么

不好?女权主义要女人不当男人欲望的对象,可怖!"

这让人哭笑不得的论断。)

语言就这样安置了我们的位置:不得越位。

我们接受了。我的母亲乐于这个位置,她为我父亲做了一辈子的饭。

我的婆母乐于这个位置,她为公公洗了一辈子的衣服。

她们教育我也如此。我和她们一样,生孩子,洗衣做饭,尽力做好女人。

做好女人很难。真的。因为要牺牲,忘我,付出,爱他人而不爱自己。

男人为我们花钱,为我们买漂亮的衣服,买化妆品,

让他们喜爱,让他们白天和夜晚都情欲迸发。

女人的情欲很可耻。我母亲从未与我谈过性。

我第一次来月经的时候,吓得不敢起床,

我以为只要躺在床上,血就不会流出。

女人的性高潮,这让男人害怕和渴求的神秘收缩,

使身大力壮的男人发疯,使瘦弱的男人发狠。

女人的情欲只有男人才能满足,

女人在自己的情欲之外。

我们用谎言喂养自己:

女人不能太聪明,也不能太能干,

一个家庭的稳定靠一个不怎么聪明和能干的女人。

伟大的男人需要弱智的女人衬托和崇拜,

当一个伟大的男人遇到一个能干和聪敏的女人,

他就渺小起来。这个逻辑我不大明白。
我爱男人。我相信他们是报纸头版上的照片，
他们主宰我们国家的命运。
他们在召集重要的会议，讨论权力的再分配。
他们决定诗歌的前途。他们决定诗歌该怎样写。
我爱我的男人，爱他的身体，爱和他做爱，
爱在他的臂弯里睡去，枕着他的汗水和鼾声。
我为远行的丈夫整理行装，等着远行的他归来。
我是一个好女人。

······

我就这样开始学习女权主义。
我发现我和男人一样能读理论书。我信仰男女平等。
这就是女权主义的定义。我成了女权主义者。
如果你相信这个原则，你也是女权主义者。就这么简单。
女权主义不是魔怪。如果你相信女人也是人，
你就是女权主义者。女权，女人做人的权利。
如果你嘲笑它，蔑视它，你就是在帮助剥夺你的姐妹母亲做人的权利。
女权，不是用一种压迫代替另一种，而是，在男女不平等的历史和现实中，
为男女平等的未来开路。如果作为人，我们向往更好的未来，

女权的实现还只是蓝图。

你说我不该"为女权而女权"。

为什么？为女权而女权有什么坏处？

难道应该为男权而女权？

千年的历史已为男权安排了女权的位置，

在两千年的最后几年，聪敏的女人还要假装低着头，以衬托男人的高大？

"造反有理！"我曾是个红小兵，我相信对既存的规则的挑战，

这才是艺术的哲学。一个真正的诗人必须对既存的诗歌挑战。

"妈妈，伟大的画家画出和别人不一样的画。"

我的儿子决心当一个画家。

我决心当一个有女权的女人。我不是第一个。

我甚至对爱过的人怀有深深的亲密亲情。但是，

我就要四十岁了。我不再接受"像男人的男人"。

我爱的人，应该是一个完整的人，

如果他爱我，他应该跟我站得同样的高，

如果他爱我，他应该懂得，我爱自由，爱思想，爱戴闪光的耳环和叮当的手镯，

不为他人，仅仅为我自己的快乐。

把这首多年前写的诗摘抄在这里，因为这首诗歌描绘了我走向女

权主义的过程。也表达了我对女权主义的基本理解。

在我看来，女权主义的根本原则是人权，是女性的基本人权。在中国，女性的很多基本人权还没有实现。仅仅是性别的不同，很多女孩子生下来就被家里抛弃，就没有机会求学，就没有权利决定自己的身体，性的特权主要还掌握在男性手里。在工作提升，在生活的每一个方面，女性还是次要的性别。甚至国家工作人员，女性的工作年限由于国家的硬性规定也比男性少五年。虽然在中国，由于特殊的政治历史环境，英文的 feminism 被翻译成了"女性主义"，强调女性的性别立场，但我坚持使用"女权主义"，因为我认为 feminism 是争取女人作为人的基本权利和权力的一种思想。

而女权主义这个词让很多人很反感。那时与我还在一起的丈夫，从来不屑读任何女权主义的书，就常常鄙夷地说，"你们女权主义者，就是喜欢开诉苦大会，诉说自己的种种受压迫。"他时时刻刻都表示很看不起女权主义，因为女权主义太个人经验化，直接联系到个人的生活，不像其他的主义，都抽象，都难读，都形而上学，在他看来，女权主义是如此具体和每一个人的生活相连，就失去了作为一个主义的"高贵"。

我不懂他的逻辑。对很多人来说，理论好像得是抽象的，与现实无关的，似乎是一种超人的特权。我暗想，如果一种社会理论脱离个人经验，脱离现实(现实是通过我们个人经验存在的)，那种理论，到底对人类有什么意义呢？我以为社会理论只有对经验，特别是个体经验说话才有意义，才有关，才在理。如果工人阶级对阶级压迫和剥削没有切身体会，马克思主义对他们就是身外之物，毫无意义。如果结构和解构主义不帮助我们认识隐含的社会力量和结构，我们干嘛要了解结构和解构的操作方式？社会理论的意义是解释现实，洞察实践，而现实和实践都是通过个体存在的。

女权主义理论的真正意义就是因为这种理论谈的是我们每个人的生活，个体的存在在性别造成的压迫和不平等的制度中的位置，是女人生活的经验和在经验表象下的社会机制和结构、意识形态的各种作用。女权主义从个人经验出发，达到对社会、历史、意识形态等等本质的认识。从个人经验，个体存在出发，是女权主义的分析策略。正如女权主义响亮地宣称："个人的就是政治的。"

1998年我在国内，几个所谓诗人名流正在吃饭，就顺便把我邀过去了。推杯换盏之际，某位心怀莫名其妙的目的人突然说，"沈睿现在是女权主义者了！"本来是热热闹闹的吃喝玩乐突然安静下来，席间有三四位女士，看得出来她们与这些名流都有特殊关系，也都以有距离的目光看着我，好像我突然成了阶级异己。那位据说是中国的叶赛宁的诗人突然站起来，大声宣告，"女权，什么女权！女人永远不可能有权，因为她们永远得在下面。"他很得意，似乎说出了真理。这种赤裸裸的性暗示，在酒醉之后，也许不是太过粗俗，但何其不雅！我觉得悲哀，悲哀的是某些中国知识男性对女性理解的肤浅，对他们自己理解的肤浅，甚至对人类美好的性生活的理解的肤浅！我忍不住第一次公开说出了对性的观念，我平淡地说："女人只能在下面吗？那你的性生活也太单调无聊了。"

中国的叶赛宁或许从来没有听说过这样的话，激动地拍桌子大叫："难道女人可以在上面吗？难道可以吗？"

我说，"你没听说过台湾妇女的口号吗？不要性骚扰，只要性高潮。"

我左右环顾，那席间的女性都很鄙夷地看着我。

台湾女性的立场是女性的性主动权，性福权。女性不仅仅是男性的欲望对象，女性是自己身体的主人。可是面对这些无法说通的人，我离开了，觉得实在说不下去了。

正是这些经验使我进一步走向女权主义。我决定不仅要研究女权主义，还要拿一个妇女研究的学位。2001年，我获得了俄勒冈大学妇女研究学研究生证书。这是一个类似副硕士的学位，是俄勒冈大学妇女研究系颁发的最高学位，这标志着我可以在任何一个大学讲授女性学的课程了。

2001年6月16号，我特地回到俄勒冈大学，参加妇女研究系的毕业典礼。在美国我得到了硕士、博士学位，但是我都没有参加毕业典礼。可是我特地去了妇女研究这个学位的典礼，因为对我来说，这个典礼有非同寻常的意义。

那天妇女研究系共有二十多位本科生，六位研究生取得学位。典礼上，系主任请每个人谈一谈你为什么选择妇女研究为专业。我坐在人群中，心潮起伏。我想到自己作为女儿、妻子、母亲的四十多年的生活，想到中国的女诗人伊蕾，那位以写《独身女人的卧室》而闻名的伊蕾。

我跟伊蕾并不熟悉，我们只见过几面，连朋友都算不上。1990年的冬春，伊蕾不期而至。我当时并不知道她的人人皆知的故事。由于丈夫还没回家，我们有了单独相处的一两个小时，伊蕾对我讲了她的故事。伊蕾一边说，一边哭。我问她为什么不离婚算了，伊蕾说，她不想离婚，"是多么难找到一个男人！"我听了后，默然。这就是我们这些男女平等思想中长大的女性的命运吗？伊蕾叹气，"沈睿，我三岁的时候就老了。"伊蕾就这样离开了中国。

1995年夏天我回国去看孩子，伊蕾也正从国外回来，正好来我家。当时的什么小报说她正在做生意，我问及她的生活，她说那些谣传都是胡说八道。她的确在努力赚钱，一个独身女人要养活自己啊，她严肃地开着玩笑。她问及我在美国做什么，我说我在学女权主义，不过我不知道自己能否学下去，因为没有奖学金，可能就学不了了。伊蕾一把握住我的手说，"你一定要学下去！我赚钱给你去学习，沈睿你记住，你不是给你一个人学的，你是为我们所有人去学的！"伊蕾的手突然紧紧地抓住我的手，她抓得那么紧，我感到她的手的压力和她的语气的急迫。

2001年夏天的那个下午，我站在了俄勒冈大学妇女研究系典礼上，接过了我的证书，讲述了伊蕾的故事。自那次一别，我从来没有和伊蕾联系过。那刻，我站在那里，呼唤伊蕾。我说，"伊蕾！我得到证书了！伊蕾，你听到了吗，我拿到证书了！我是为我们学的！"

回顾上三十年中国女性的精神历程，我想是有一大批知识女性从不同角度走向了女权主义。我们几乎都是从个人出发的，个人的经验构成了我们精神历程的基础。我们从小被教育相信男女平等，相信我们与男性一样。我在唐山地震前一天的行军就是一代女性这个信念的象征。然而，生活现实，特别是日常的生活现实挑战了我们的信念，我们一个一个地从自己的经验出发成为了女权主义者。

在中国，女权主义者活动领域目前主要是学院、新闻出版和文艺界。特别是在学院，如果在图书馆查一下近些年出版的书的目录，博士和硕士论文的目录，我们会发现女权主义者在女性知识分子中的扩大每年都是以倍数增长的。北京国家图书馆目前（2006年2月）在女性主义条目下共有191本书，只有七本是1994年我离开中国之前存在的，其中三本是硕士或博士论文，从没有正式发表过。仅2004年一年，图书和论文出版出现了44个条目，由此可见女权主义思想在学院和出版界的发展状态。

每个写了以女权主义为条目的书的作者，都有自己走向女权主义的道路，这是我们这个时代的精神历程的一部分。

女人的世界

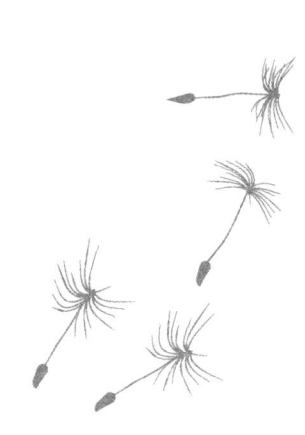

童话教女孩子什么

苏珊·达克-史密斯，英国德比大学的一个认知行为理疗研究生，前几天发表了她的研究成果《我们给我们的孩子讲述的故事：女孩子希望她们的伴侣改变的前提》。在这个成果中，达克-史密斯声称，一些家庭暴力的女性牺牲者们之所以忍受家暴或陷在虐待关系中不能自拔，是因为童年时期阅读的某些童话所致。她的研究成果将在本月在瑞典召开的"国际认知理疗大会"上讨论。

在她的研究和心理医疗实践中，她对六十七位年龄从十六至五十三岁的正在进行心理治疗的妇女进行了访谈。她发现其中六十一位妇女相信她们可以"通过同情、爱和理解"来改变她们的生活伴侣，"她们认为她们的爱如此强烈，足以改变她们生活伴侣的行为"。抱有这种态度的妇女似乎没有现实感。在虐待的或暴力的家庭关系中，她们把期望放在生活伴侣的改变上，以为只要努力不停地爱对方，无条件地付出，对方就会终于在爱的感动下改变或奇迹出现，会浪子回头。由于这种信念，这些女性在现实中容易留在非正常的、暴力的或虐待的家庭和伴侣关系中。

终究原因，达克-史密斯认为，这是由于这些女人成长的过程中，特别是她们幼年阅读的童话对她们造成的心理影响。这些女人都承认，这些童话对她们理解生活有重要或根本的作用。达克-史密斯把童话的影响看成是女孩子成为女人的"前提"。这些童话，特别是像《莴苣姑娘》《灰姑娘》《白雪公主》之类的，都是教育女孩子要在折磨中忍耐，或者等待一个英俊的王子来拯救她们，或者等待奇迹的发生。如果一个女孩子深深地相信这些东西，她们成人后，容易变得屈从，没有自主性，对伴侣有不切实际的期待等等。

达克-史密斯的成果，在英美报纸上热闹了一番，引起了不同的反响。可是，我却觉得她的研究没有什么新鲜的，而且也过于简单。她的观点，女性的被动、屈从等等品质是学来的，甚至是从童话中学来的，早在三十多年前就在女权主义理论中被仔细地讨论过了。女权主义理论家，上个月去世的安德丽娅·德沃金早在1974年她的第一本书《女人仇恨》中，就讨论了童话对人的性别构建的作用。德沃金指出，在童话中，被男性特别渴望的女性通常都是睡着了的，比如，白雪公主和睡美人，有野心的女性在童话中通常都是邪恶的。对女孩子来说，阅读这种童话，潜意识中学到的是不要让男性感到有心理压力，女孩子最好在男性面前都跟睡着了一样，那男性就更渴望你了。对童话和儿童心理成长的分析，西方思想和学术界的研究，是一个十分深入的领域，中国对这方面的研究还没有开始。

正是思想和学术界对童话和女孩子关系的讨论，引起美国的出版、影视业的变化。专拍改编的童话电影的迪士尼电影公司，近十年来一直在强化女孩子角色的勇敢、自主，比如，中国的花木兰故事被拍成电影《木兰》，家喻户晓，连幼儿园的孩子都知道木兰是勇敢的中国女孩子。

但是我认为，仅仅童话并不能起到塑造儿童的性格和品质的作用。一个孩子成为男人或女人是每时每刻都进行的过程，这个过程可能从胎教时期就开始了。传统的童话自然带着时代的思想痕迹，把某些女性的软弱、屈从、被动都归于童话的影响也未免太简单化了。当然父母也应该警惕童话中的意识形态的作用。我们不但要给女孩子讲白雪公主，也要给她们讲花木兰；不但给她们阅读传统的童话，也该给她们阅读新的童话；不但带她们到公园去看各种各样的鲜花，也带她们爬山越岭，锻炼她们的意志。实际上，我们应该培养每个孩子的独立自主性，不管是男孩子还是女孩子。

她们什么年龄都做爱!

情人节那些天报纸杂志上尽是关于爱情啊婚姻啊的分析和报道,好像只有这段时间我们才意识到爱情。我喜欢的一个学术文化网站每天会特地选出世界各大报纸的好文章,那天他们选的文章是《法国女人不长胖且非常幸运》(*French Women Don't Get Fat and Do Get Lucky*),是《华盛顿邮报》2月10号的周末版上评论版的文字。这样的题目如此吸引人,我自然就读起来。

文章开篇第一句话就说:"要是我一定得变老,我愿意在巴黎变老。"第二句话这样写:"不是因为那湿漉漉的天气,不是因为那不停的人与人之间的小摩擦,不是那对高温消毒的奶酪的极度迷狂,而是因为,相当坦白地说,我愿意总是有性生活。"看了这段话,我心中就微笑地赞美作者,是个真实的毫不做作的有趣女人。

作者是帕米拉·德拉克曼(Pamela Druckerman),美国人,长年住在巴黎,有丈夫有孩子。2007年她出版了一本书《外遇不用翻译》(*Lust in Translation*),轰动了美国人,成为畅销书。作者本人也被冠以"不忠夫人"的称号,因为书写的是她走遍世界很多国家,包括中国,调查各国婚外恋的情况,其方式、方法、态度等等,是一本婚外恋文化研究著作。作者研究婚外恋,因为她认为:"婚外恋是人们常常想的一个问题,是几乎所有的电影、大众文化关注的主题,而且人人都对这个问题有自己的看法。"这样的文化现象当然值得研究者们关注。

婚外恋是一个复杂的历史文化现象,自人类有婚姻以来,就有婚外恋。在我看来,婚外恋是人的本性的一部分,因为人不是先天的一夫一妻制动物。我没看过德拉克曼的书,此刻也没有时间去看,不知道她的研究结论是什么。

她的这篇关于法国女人做爱的小文章让我觉得很有意思。她在文章中比较美国女人和法国女人,说四十多岁的美国女人性生活还好,基本上还是在相当规律的基础上时不时做得很开心,可是一进五十岁之后,据国家统计的数字,有三分之一的女人去年一年没做过爱。到了六十多岁,半数的女人去年没开过心,性福过。那些七十多岁的女人,大部分就变成"失业"状态了。不用说,男人的性福生活,各种年龄的，都比女人好得多。作者大呼，五十岁以上的女性没有性生活的问题，跟二十年前几乎没什么区别！

然后作者笔锋一转，以自己住的国家为例："这样的事情不会发生在法国！法国女人根本就没有这样的四十岁后就戏剧性地滑入性消失的状态。"据法国健康部门统计，去年只有15%的五十岁到六十岁之间的女性、27%的六十岁到七十岁的没有性福过，大部分法国女性性福的次数比十五年前多得多。作者调笑："别嫉恨法国女人！她们真的既不长胖，也的确很幸运！"

作者分析原因。第一，在法国，女人年纪不管多大，都被看作是性欲望的对象，并不因为年龄大就失值。年龄大的女人被渴望，从法国第一家庭就如此，四十九岁的前第一夫人茜茜丽亚把五十三岁的总统萨科齐给蹬了，并不因为自己脸上有了皱纹就仍跟不再爱的男人在一起。茜茜丽亚曾经非常爱萨科齐，现在茜茜丽亚也毫不费力又找到新的爱人。法国一家杂志在萨科齐新的爱情关系曝光之前，大给萨科齐介绍对象，杂志介绍的人中有比萨科齐大的，也有比他小的。法国人不认为年龄是个问题，年龄大的女人照样性感迷人。

第二，法国女人有比美国女人好得多的榜样。美国的好莱坞不但制造美国印象，也树立美国榜样。那里的女影星一过五十，就难有机会演浪漫女主角了。浪漫女主角通常都是三十多岁的女性。男主角就没这个问题，六十多岁的男主角照样浪漫地与三十多岁的女人谈恋爱。法国电影业里，很多女影星从十来岁开始登上荧屏，到现在，五六十岁的女影星照样活跃，照样演浪漫主人公。她们不管多大，都美丽，都被看成美丽的代表，都还是女性气十足。法国五六十岁的女性也是六十年代激进的性革命、社会革命的产物，但是她们改变社会的方式不是不穿高跟鞋，不是放弃男性的"骑士精神"。女性的魅力不同的年龄有不同的内容。就是法国男人的杂志《花花公子》里面也有年纪大的女性。四十三岁的女影星在《花花公子》里举着牌子说："时光越流逝，魅力越增长。"中年妇女对自己的身体有信心。萨蒙，一个五十多岁的女性对作者讲述自己的故事，离婚了，三个孩子都大了，现在是最好的时光了，什么都不用担心，"只剩下一个女人和一个男人的调情和爱了"。

第三，法国女人对床上伴侣不那么挑剔。据美国最权威的医学杂志调查，年龄在57—64岁之间的美国女性88%会遇到对她们有性趣的男士，但是一半的女人会说，这个人不是恰如其分的伴侣，而放弃机会。法国女人不会这么傻，法国女人会说："这个人可能不是终身伴侣的料，但是做做爱，却无妨。"让自己高兴，没什么坏处，不伤害别人，也有益于自己，何乐而不为？

法国女人不仅宽容自己，也宽容别人，法国人对婚外性关系比美国人要宽容，虽然法国人并不比美国人更多地有婚外恋。美国社会不宽容婚外恋，一旦有婚外恋，婚姻瓦解的很多，法国人却觉得只要不影响婚姻，有婚外恋关系并不是非离婚不可的。

　　看完这篇文章，我高兴地对我的爱人说："等我老了，咱们搬到法国去！"他笑着点头："咱们回到我出生的小村子里。我回家当农夫种地，你就当农妇养鸡。"

美国人单身生活的理由

据前几天的美国媒体报道,美国女性生活形态出现根本改变。传统的女性成年后,一般会结婚成家的模式被打破,51％的婚龄美国成年女性目前过着单身生活,使结婚的女性成为史无前例的少数。当天,几乎所有的新闻媒体都采访各界妇女,询问她们不结婚的理由,专家们也纷纷出来探讨这个新的现象对美国社会的意义。《纽约时报》认为这个走向将改变社会和工作单位的政策,包括政府与雇主对雇员福利的分配政策。

美国妇女不结婚的理由,从表面上看主要有几点。从年龄上看,年轻的女性,结婚年龄普遍推迟,或者干脆不结婚,但是与没结婚的伴侣一起生活。年纪大的女性,一是寿命长，二是丧偶之后，独自生活的老年女性很多。同时，中年女性一旦离婚，很多人对自己新发现的自由珍惜不已，不愿再走入婚姻。

从根本上看，我认为女性选择单身生活的原因也许要归结于自六十年代末以来美国女权主义对美国社会的根本改变。在女权主义的大力推动下，首先是女性受教育的机会大大增加。目前美国大学在校女生大大多于男生，男女生比例达到55%左右是女生、45%是男生的地步。教育给女性提供了机会，她们毕业后容易有高报酬工作，不需要依赖丈夫生活，所以结婚就变得不那么急迫了。

其次，美国社会男女平等不是空谈的，是具体落实到工作就业、家庭生活等等方面的。六十年代以后出生的美国人，男女平等意识从小就是教育和生活的一部分。美国女权主义组织繁多，对社会中任何男女不平等现象都大喊大叫，为女性自我发展创造很多机会，女性不必靠结婚来实现自己的价值。

第三，美国社会中对性生活的宽容和性别平等。在美国无论年纪多大的女性都可以找到伴侣或性伴侣，并没有如中国的"女人三十豆腐渣"那种文化概念。多大的女性都美丽——爱在情人的眼睛中，这种概念是美国文化生活中的一部分。女性不愁找不到性伴侣，无论是单身，还是离了婚，女性的性选择很多，用不着完全靠婚姻满足性的需求。

其实不仅妇女，美国男性也是一样，越来越多的男性也在过单身生活，特别是年轻的男性，二十多岁到三十多岁之间的男性，也选择不结婚。他们的主要理由是怕结婚使自己丧失了自由，怕一旦结了婚，妻子就要改变自己。他们不太相信与自己有关系的女性会真的告诉他们她们的性关系史。另外，他们既然可以和女朋友同住，用不着非结婚不可就有性生活，何必结婚？一旦将来离婚，费用之高，破费之大，还不如不结婚。

与单身潮流相对应，美国结婚潮流也有很大变化。美国受教育程度高的女性往往结婚晚，但是婚姻往往更幸福、更美满，离婚率也更低。这与社会上以往的偏见完全背道而驰。以往人们认为，受教育程度高的女性很难找到伴侣，由于她们经济独立，容易离婚。过去二十年美国的社会潮流却与此相反，受教育程度高的女性对婚姻往往考虑得比较成熟，她们的丈夫通常也都是高学历，两个人都工作，经济条件也好得多，日子好过，因此生活比较舒适幸福。相反，受教育程度低的女性常常需要通过婚姻实现自己的价值，她们的婚姻对象也往往是没有受过多少教育的。美国连高中教育都没完成的男人，往往婚姻也持续不了多久。所以，受教育程度低的女性相比受教育程度高的女性，其家庭生活质量和幸福指数低得多。

现在的美国，女性的受教育程度越高，越容易找到伴侣。过去高学历女性很难找伴侣，现在她们成了"最被人要的"。国家婚姻项目的研究主任戴维·波潘尼说，过去男人喜欢找比自己学历低的，现在男人要求女人要跟自己有同等的教育水平,或者是比自己高的教育资历。男性不是要找一个伺候自己的女人当妻子,而是希望找到志趣相投的人为生活伴侣。这种婚姻观念的变化,对男女两性择偶也产生了影响,很多人宁愿单身,直到自己的"灵魂伴侣"出现。

聪明独立的女人更吸引人

2005年,《纽约时报》当时的专栏作者中唯一的女性莫瑞·多德出版了一本反思女权主义对近三十年两性生活影响的书:《男人还必要吗——当两性冲撞》。该书不仅探讨男女之间交往方式、婚姻方式的变化等等,并以她自己生活为例,探讨聪明的女性到底还需要不需要男性。

莫瑞在美国知识界可以说是无人不晓,因为她为《纽约时报》写专栏,美国知识分子不读《纽约时报》的恐怕很少。莫瑞的写作风格很有特点,尖刻、犀利,喜欢玩语言,常常正话反说,聪明之极,赢得很多读者。她还没有结婚,写书的时候她正是五十岁,因此虽然她的书没有明确论证男人在现代不必要了,但是她个人的经历似乎是说,男人也许并不必要。

我读了莫瑞的书后，觉得莫瑞自相矛盾的地方太多。同时怀疑极度聪明的莫瑞还没有结婚，并不能说明聪明的女人结婚的可能性就小。莫瑞的犀利也许吓跑了很多男人，不过莫瑞书中也承认，和她约会的男人很多。她本人就非常性感，《纽约时报周刊》发她的书摘，配的照片里她穿着鲜红的高跟鞋，超短裙，浓妆艳抹，坐在酒吧的高椅上，非常挑逗。我把照片左看右看，觉得莫瑞真棒，男人对她也许不必要，但很多男人看了这张照片肯定会觉得莫瑞还是必要的。

莫瑞的论点使我更注意观察我身边的女性的生活，我发现其实大部分女教授，特别是四十岁以上的，幸福地结了婚过着日子的占很大的比例。我的女朋友们都有伴侣，还真没有一个人是因为聪明和有博士学位就找不到伴侣的。加上美国人对家庭价值非常重视，其重视程度，在我看来比中国人还甚，美国似乎人人都谈论家庭价值，强调家庭对男女的重要性，往往让我觉得异口同声，老生常谈。我觉得聪明的高学历女性找不着对象在现实中是一个伪命题，莫瑞的书引起很多批评意见，也在此。

我的直观印象最近被学者证实。近年来一批社会学者纷纷做田野调查，从不同角度调查研究当代美国妇女的生活。调查的结果表明，聪明的女人往往更幸福，更容易找到满意的伴侣。比如社会学者克里斯蒂·韦兰在近著《为什么聪明的男人与聪明的女人结婚》中就用自己的调查结果反驳莫瑞的观点。她的结论是，受过大学教育的女性结婚平均年龄是三十岁，所有女性结婚的平均年龄是二十五岁，90％的女性在四十四岁之前都结了婚。结婚后，高学历的女性家庭生活往往更幸福和有意思。她说："女性们，别听媒体的误传，聪明的女人往往做出聪明的选择，家庭婚姻与事业并非对立，实际还互补。"韦兰的论证之所以产生这样的变化，是因为美国男女两性之间的关系近三十年里发生了重要变化，其中之一就是对两性角色期待的变化。

如果说八十年代之前，男性对女性的期待是要女性在婚姻中做贤妻良母，协助自己的工作或成功，那么美国新一代的男性对女性在婚姻中的期待已经彻底变化。大多数男性认为，女性有自己的事业和教育让她们更有做妻子的吸引力。男性期待的是平等的伴侣，而不是低于自己的保姆似的太太。韦兰说："这一代男性是历史上第一代男性，在他们的全部生活中，强有力的女性一直就是角色榜样。"这代男性不是长在怕女强人的文化里，相反，他们的生活中聪明的女人比比皆是，对他们来说，聪明能干、独立自主是一个女性的优点和吸引力所在。

我的学生凯文，哥伦比亚大学法学院毕业后，现在在华盛顿的某个律师事务所工作。我看着他从二十岁成长，听他谈找女朋友的各种经历。今年他二十九岁了。他以前常对我说："我要找的女性一定得有自己的事业，不能以我的生活为她生活的中心。即使结婚后她愿意在家带孩子不工作，她也要有自己的生活兴趣。要聪明能干做出自己的判断。如果我出了什么事，比如我死了，病残突然不能养家了，她能有能力和智力独当一面，这样才行。"

我的学生常常让我惊喜,这就是其中之一。年轻一代的美国男性热爱聪明和独立的女人,对他们来说,这样的女性更吸引人。我还没听过任何一个学生告诉我,他们要找比他们学历低的没有他们聪明的女人做妻子,一次也没有过。

女性的家庭和事业不必对立

做政协委员的女性都是我们这个社会的成功女人，有名有望，于是她们就成了探寻女性成功秘诀的源泉。这些女性也都给了从自己经验出发的回答。比如，舞蹈家陈爱莲说："每个女人都应该有成就。这种成就，不是创造奇迹，而是把平凡的事情做好。"她举例说："当一个称职的妈妈，担负起教育下一代的任务，就是成就。"陈爱莲表达了对那些觉得自己是平平凡凡的妇女的理解，特别是对越来越多的全职母亲的安慰。但这样故意低调谈论事业的成就，对那些受过教育，很想在工作上有些建树，同时也愿意成为好母亲的女性未必帮助很大。

幸运的是，中国女性是在男女平等的教育中长大的，无论现实是如何不平等，在意识形态上，中国的女性，特别是那些最终能进入大学的女性，几乎都是在男女平等的词汇中成长的。然而，也正是这种词汇和现实之间的距离，使很多女性、特别是年轻的受过教育的女性产生困惑。

几年前我在北京首都师大和一些大学生见面，女大学生向我提出的一个集中的问题是女性怎样才能做到家庭事业都成功。我面对这样的问题，反问："谁说家庭和事业是对立的？"学生们举例说，媒体上讲某某女模范，往往是为了工作忘了家庭。好像一顾家，工作就做不好了。我当然熟悉这种宣讲成功女人的故事的套路，我就是在这种思维套路的教育中长大的，直到我来到国外求学，来到国外接触很多成功的女性，我才意识到我原来接受的那种把家庭与事业对立的教育，在我年轻时候，对我的自我设想有很大的负面作用，我不懂得家庭与工作并非对立。事实上，一个女性可以既工作成功，也家庭幸福，两者之间完全没有非此即彼的关系。

首先我们要破除家庭与事业对立的思维方式。这种把家庭与工作对立，说到底，是一种男性的思维方式。在中国社会分工的思维方式里，男主外，女主内。男性参与社会公众领域，女性主持家内的私人领域，天经地义。现代社会打破了限定女性的高墙，女性也可以走进公众领域，并做出成就。从男性的角度看，他们对女性是否能够平衡两个领域表示怀疑。由于传统思维和生活方式的惯性作用，当很多女性走入公众领域后，与他们共同分担生活的男性并没有相应做出调整。

由于女性走出私人领域，私人领域内的平衡发生变化，男性们便对不熟悉的私人领域内的变化大声惊呼：女性不可能做到家庭事业两全！女性由于公众领域的压力增大，面对公众和私人领域的变化也感到困惑不安，也随着男性叹气："家庭与工作也许真的不能两全。"

　　大众传媒在制造"家庭与工作不能两全"的神话时候，往往一马当先，故意把成功的女性描绘成对家庭不管不顾的人。比如女公安局长任长霞过春节都不回家，让丈夫一个人孤零零地吃年夜饭这类的"先进"事迹。且不说任长霞的工作比较特殊，公安局长在年夜里有大案也说不定。我们每个人都既是家庭的人，也是社会的人。我们需要社会工作，也需要家庭的温暖给我们充电。把家庭与事业对立，实际上是宣布事业或工作的成功要以牺牲家庭为代价。这种思维方式的男性本质，我在前面已经探讨过了。遗憾的是，这种思维方式和声音仍然充斥在我们的宣传媒体上，对教育年轻的女性没有什么帮助。

　　家庭与工作不必对立要求男女都改变既定的思维方式。女性不必自我设狱，自行将家庭与工作对立起来考虑。一个在公众领域内得到自我肯定的女性，不见得一定把家庭弄得支离破碎。同样，男性也要调整自己的态度和立场，男性除了积极支持女性的选择之外，不应该认为带孩子理家一定是女人的事情。其实，一个男性不见得一定要主外，男性也可以带孩子，管家理家，把家弄得妥妥帖帖。男女平等并非男女一样，而是说男女都有选择设定自我、实现自我并受到尊重的权利，不管这个自我与传统的男女形象何等不同。

为什么移民女性更容易在西方成功

加拿大报纸《星报》最近刊登了一篇文章，题目是《为什么移民女性是更强的性别》，分析加拿大国家统计局最近公布的统计数字，发现第二代移民中男女在社会上的成功率很不一样：女性比男性要成功得多。第二代移民女性（父母出生在别的国家）挣的钱，与父母出生在加拿大的受过同样教育的同代女性比较，要多得多；而第二代移民男性的收入，与同龄非移民男性比较，则要低得多。加拿大的第二代移民的种族构成主要是中国、南亚和加勒比海的移民。

其实这个现象一点都不新鲜。据我观察，移民女性，特别是受过高等教育的移民女性，不管是第一代还是第二代，更容易在自己选择并愿意生活的新的国家里取得事业和生活的成功，就是与在这里出生的女性比，也不逊色。从我有限的接触来看，女性来到异国，比男性容易适应西方社会。是什么原因导致这样的男女差距呢？

是美国、加拿大这样的国家"对女人好"。对女人好，首先是这里性别歧视程度低，男女平等程度高。西方女权主义思想和行动史，已经有两百年，特别是二十世纪六十年代以来的女权主义运动和民权思想根本改变了西方社会的机制。虽然西方仍然是男性主导社会，但是男女平等的思想弥漫在社会氛围里，好像是空气，虽然看不见，但感受得到。女性在近三十年里取得了历史上从来没有过的进步和成就。男女在教育、就业、机会等各方面都基本取得平等。众多女性组织又是女性权利的看门狗，时时刻刻关注女性权利议题。移民女性来到这里，男女平等程度往往比她们来自的国家和社会要好得多，如果接受这里的教育，取得同等的资格，没有了她们原来的社会里男女角色的羁绊，就像轻松地赶上了社会的特快列车，更容易实现她们的自我。

其次，第二代移民女性出生成长在西方，与西方社会性别思想价值认同，没有她们母亲辈所受的传统的囿限，自我解放、自我意识程度高，容易取得她们为自己设立的目标。这里从幼儿园到大学的教育，男女平等思想是教育哲学的基本出发点。虽然男孩女孩发展阶段有不同，能力可能也有不同，但很少有人会贬低女孩子的志向。相反，为了与传统的男性主导思想斗争，很多学校社区都提供专门帮助女孩子的项目。如果她们在学习工作中有问题，她们有很多方式可以得到帮助。第二代移民女孩子生活在这样的氛围里，没有"祖国"文化的传统负担，培养起强烈的自我实现意识，所以容易实现她们的目标。

加拿大《星报》以移民文学的叙述来证明女性来到西方的解放感和男性的挫折感。短篇小说《蒙特利尔，1962》的作者是印度移民Shauna Singh Baldwin。在这篇小说里，一对印度夫妇移民来到加拿大，丈夫因为是锡克族人，包着头巾，显得与主流社会格格不入，很难找到工作。丈夫极为苦闷，妻子则大胆地决定要丈夫去掉象征文化与传统的头巾及不剃头发的习俗，问题迎刃而解。这个短篇有很强烈的象征意义，作家对男女在西方的状态差别还有自己的新解释：在每个社会里女性为未来负责，男性通常为保存文化和传宗接代负责，所以女性容易适应新的环境。与此同时，"祖国"文化的"男性"标准是男人适应新环境的负担。

华人作家 Terry Woo 的小说《香蕉男孩》，真实描绘了华人移民男性所受到的压力和压迫。这些男性既有中国传统的负担，也有在西方文化里的新压力，所以他们或者极为坚强，或者就被压垮了，他们很难适应这个对女性好的文化。第二代移民男性，如果他们的父母非常"祖国"传统，男孩子的压力就会更大。而女性，Terry Woo 说，"完全没有这种压力和压迫"。在"祖国"社会里，"男性受宠，到西方就成了负担。女性不被看重，现在她们反而自由，可以更自由地追求自己心里的愿望"。

为什么女性在数学和科学领域内人数比男性少

哈佛大学校长拉瑞·索莫斯上个月成为美国各大报新闻。因为他在1月14日的"使科学和工程领域工作人员多元化：女性、代表甚少的人和她们在科学和工程领域的事业"的会议上，面对五十多位在这个领域内的专家学者，居然说，在科学和数学领域内，女性人数之所以远不如男性，是因为男女先天不同，可能男性先天地具有抽象和数学思维能力。拉瑞·索莫斯的话好像是知识界的苏门答腊海啸，美国知识界一下子摇动起来，批评的浪潮从东西两海岸滚向索莫斯。哈佛大学一些教职员工要求索莫斯辞职，一些哈佛的校友已经威胁说要撤销捐助。与会的麻省理工学院的生物学家南西·霍普金斯立刻退出会场,并说道:"如果我多呆一会儿,我可能或者气昏过去,或者呕吐起来。"索莫斯不得不出来为自己辩护,解释自己并没有贬低女性的意思,无非是想解释这个现象。

拉瑞·索莫斯的话,在我看来,的确反映了性别主义在知识界的不情愿退去的势力。虽然美国知识界一直在标榜自己是站在时代的前沿,思想和行为都在时代的前列,在结束性别主义方面也是社会的先锋。索莫斯作为哈佛大学校长说出如此的话,难怪知识界的反应爆炸,不敢相信有人还这样从生物本质论看男女的社会成就。虽然从现实看,的确是男性从事数学与科学的人数比女性多得多,但从原因上看,恐怕社会的、历史的因素要大于生物的因素。举一个例子来说,中国古代虽然不乏女诗人、女词人,从总体数量上看,写诗词的男性要比女性多得多。是女性"先天地"就不能写诗写作吗?我们都知道这个问题荒谬,并非女子不能也,是社会不允许矣。那时,女子无才便是德呀,一旦社会允许女性写作,女性写得不比男性差。数学和科学是不是得用不同的头脑?为什么社会上现在允许女性追求自己的爱好,女性还是不如男性那样从事科学和工程工作?其实,就美国来说,从事科学和工程的黑人男性也不如白人男性多,难道黑人男性和白人男性"先天"地构造不同?

据最近由弗吉尼亚科技大学进行的人脑研究结果说,女孩子头脑中控制数学与空间思维的部分比男孩子晚发展四年,虽然女孩子终究会赶上来。这是为什么大学女生成绩普遍比男生好,但是,中小学教育是以男孩子的头脑发展为速度的，因此，到了十二岁左右，很多女孩子已经觉得她们数学不好，干脆就不学了。该报告建议学校教育要考虑男女生心理与生理发展的不同，因阶段施教，以鼓励和帮助女生在数学和科学上超越。其次，我们都有过这种经验，父母老师在男孩子小的时候，就开始鼓励他们学理工，女孩子在这方面得到的鼓励要少得多。父母和老师对女孩子在数学和理工上的期望往往比对男孩子低。取法乎上，得乎中。高期待值产生高效果，这我们都知道。事实是，一旦一个女孩子得到鼓励和肯定，这种人为的男女差别就不存在。

拉瑞·索莫斯的话，也让我想到男女差别问题。男女差别是一个既古又新的话题，女权主义提倡男女平等，并非否认男女差别。女权主义的根本目的是彻底结束性别主义对两性的压迫，并非彻底取消男女差别。历史上看，在原始农业社会和战争连天的时代，男性体力比女性强壮这个体力差别，被沾沾自喜地拥有权力的男性宣布为男性优越，女性低劣，男尊女卑这个"假理"由此成为父权社会"真理"一样的意识形态。二十世纪的中国革命为颠倒男尊女卑而实行男女一样，也就是男女都像男的一样，或男女都以男的为标准，君记否那男女都穿蓝裤子的时代？结果不但没有实现男女平等，反而给女性双重负担：女性不但要走出家门工作，回到家里头还要里里外外一把手，洗衣，做饭，带孩子，一样都少不了。男的不做家务不是大问题，女性不走出家门工作就被看不起。妇女的家务劳动被看成是吃闲饭，不是劳动。这种男女都一样成为男的，本质上对女性的压迫其实是更重了。

在今天高度发达的科技和脑力劳动的世界里,男女的差别虽然存在,但不如体力在农业社会那样明显和重要。我们应该做的是,理解男女差别,并在差别的基础上发挥男女不同的创造性。我相信随着社会对女性的鼓励和支持,女性和男性从事科学的差别会逐渐消失。如同上大学一样,一百年前美国的女性能上大学的为数甚少,绝大部分学校那时都是男校,女性似乎"先天"地没能力上大学。如今,美国大学总体人数,女生已经超过男生。

从大法官人选看美国女性的政治位置

美国总统布什在美国联邦最高法院第一个女大法官奥康纳提出退休辞呈后，提议约翰·罗伯茨代替她的职位。约翰·罗伯茨可以说是无可挑剔的人选，资历、智力、能力样样合格，连奥康纳本人听到是罗伯茨被提名，都立刻说："他能被通过。"但是，她也遗憾地说："他样样都好，除了不是女的。"

其他人对罗伯茨的批评就更多了。其中最主要的一个批评声音，与奥康纳的声音相仿，那就是，罗伯茨不是女的，也不是有色人种。美国最受欢迎的模拟新闻节目"日日播出"主持人约翰·司徒亚特嘲讽说："又是一个白种男人，什么新鲜的玩艺都没有。"观众大哗，鼓掌联翩。

显然，美国很多人都在期待布什提名女性或者有色人种来接替奥康纳的工作。这种热切期待对我这个外国人来说有些不可思议。为什么女法官退休就一定要由一个女的来接任？法官是男是女那么重要吗？我的朋友听到我的问题，却觉得我不可思议。看看大法官里，九个人里只有两个女的，难道不该继续保持并增加女性的人数吗？女性是一半公民，凭什么大法官里男性占多数？很多人甚至说，这就是布什逆社会潮流而动的一个表现。

赶得好不如赶得巧，突然，首席大法官去世了，布什立刻提议罗伯茨升任首席大法官。罗伯茨虽然是一个公开的保守派，但是他的能力让人无话可说，其任命顺理成章地被两党的参议员通过了。下一个提名，不用说，非是女的或有色人种不可了。在布什提名之前，大家猜测纷纷，所猜测的人选不是女的，就是有色人种。正是在这种背景下，果然，布什总统提名自己的女法律顾问哈瑞特·米耶斯为大法官。

哈瑞特·米耶斯与约翰·罗伯茨完全不同。除了是位女性外，她是资历、能力、智力似乎样样不行。共和党内如今一片混乱，保守派里反对她的声音比赞同的声音要大得多。在这些反对的声音里，大家也还都异口同声地肯定选一个女性是对的。可是布什选错了人，这个女人除了对总统的个人忠诚外，好像没什么本事。所以现在的批评声音又转到别的方面了，不是米耶斯的性别，而是米耶斯的能力。

看美国社会对大法官的性别和种族期待是很有意味的。无论是共和党还是民主党，显然都一致同意女性要有更多的位置。其实，布什是没有太多选择余地的,他必须选一个女性,以此过关。如果布什再选一个白人男性做大法官,不管多么合格,恐怕既过不了参议院的关,也过不了全国的关。在布什信誉如今降到最低点的时刻,他输不起这着棋,必须迎合国内对大法官的性别期待,提议一名女性来担当大法官一职。

为什么美国人这么较真,这次大法官,非女的不可呢?这首先可以从美国社会对性别平等的意识强调上来解释。性别平等,经过美国女权主义三十多年的斗争,已经成为社会生活中理所当然的概念,成为生活的方式。现在恐怕不会有人怀疑女性不能做法官了。四十年前,当奥康纳从法学院毕业,仅仅因为是女的就找不到工作。如今的状态与过去相比,真是天壤之别。如今各行各业,甚至包括财富,女性都占有很大比重。在强化的性别平等意识的影响下,美国社会普遍认为女性在各方面都与男性平等,甚至权力分配也必须如此。

其次,从法官目前构成来看,女性也越来越多。法律原来是男性为主的职业,如今大量的女性学习法律并从事法律工作,一些女性甚至成为法学院院长。美国最古老最有资历的哈佛大学法学院现任院长就是女性;再有,联邦最高法院里的九名大法官有两名是女性;美国上诉法院一百六十八名法官中,四十四名是女性;美国地区法院的六百三十九名法官中一百五十五名是女性。从整体看,女法官已占四分之一多,而且这个趋势还在往上走。

法官中女性人数的增长是女性位置在美国社会日益平等的一种表

现，也是美国女性积极参与国家政治管理的表达。如果想到美国女性拥有选举权也不过八十多年，法官，在这个法律决定一切的国家内，其重要性毋庸多言。女法官的人数说明了美国女性在美国政治中日益增长的重要地位。

人人似乎都说，近三十年来，美国社会在发生翻天覆地的变化。这次联邦大法官人选的性别成为一个议题，而且女性成为期待的性别，是这个巨大变化的冰山的一角。

希拉里代表美国女性走的漫长的旅程

希拉里在新罕布什尔州，出乎所有媒体以及评论家的预料，赢得总统预选。今天媒体都集中在到底是什么原因希拉里会出乎预料地获胜。媒体的结论之一是新罕布什尔州的女性出来为希拉里助阵，57％的投票的人是女性，女性的投票人中46％支持希拉里。这些人的年龄群主要是中年妇女以上的女性。在新罕布什尔州，一个九十多岁的老太太被人搀扶着去投票。年龄越大的女性，越投希拉里的票。

为什么四十岁以上的女性支持希拉里的居多，而年轻的女性不如中老年女性那么热情地表示对希拉里的跟随？据我的观察，首先是因为四十岁以上的有经历的女性对女性事业成功的困难更有体会，对政治更有实际考虑，对突破美国性别的玻璃天花板更有迫切的梦想。而年轻的女性，因为生活在一个性别较之上辈人更为平等的社会里，把性别平等看成理所当然，对来之不易的性别平等没有更深的切身体会，对突破性别玻璃天花板没有那么迫切的需要。

美国的女性，在美国第一浪潮女权主义领导下，于1920年争取到了选举权。这个奋斗了八十年才得到的选举权，比黑人男性获得选举权要晚五十年。在二十世纪六七十年代第二浪潮女权主义运动的激励下，女性进一步获得了教育、工作、性欲望等的平等权利，女性在社会的每一个方面都取得了长足的进步，男女平等在生活的每一个方面都可以体现出来，但是，美国还是一个男性主导社会。虽然女性已经打破了很多职场的玻璃天花板，在最高政治管理阶层，还是"白人男孩俱乐部"。女性要想打破这个玻璃天花板，就是要瓦解这个"俱乐部"，"白男"恐怕不会那么轻易地让出阵地，这场斗争不是那么容易取胜的。

从希拉里一宣布竞选，媒体就拿着放大镜看希拉里的一举一动，甚至希拉里穿衣服露出胸部多一点，"俱乐部"的媒体都津津乐道，分析到底希拉里的乳沟要露出多少来。他们还非说希拉里做了拉皮术，不能想象一个六十岁的女人没有那么多的皱纹，恨不得到美国每一个美容医院把所有的资料都查遍，希拉里不得不出来说明自己从来没有做过任何美容手术。因为是女性，评论家们不讨论希拉里的政治政策，反而津津乐道希拉里的衣服美容等等。

希拉里当然不是一个普通的女人，她是一个决心要改变历史的女人。希拉里是第二浪潮女权主义的孩子，成长在六七十年代，她要为女性突破美国女性最后一道堡垒。她从来没有要做小女人，在成为总统夫人之前她就是美国最出色的一百名律师之一，她是第一位有自己职业的第一夫人。她现在不是要争取做男人性欲望的对象（她穿什么衣服有什么关系？），而是要争取做总统。在这场总统角逐中，她是一个女性对付所有的男性，不管这些男性是白人还是黑人。

希拉里是代表我们女性在走这条挑战历史的漫长旅程中。她此次最终能否胜利，我不敢说，但是我可以对她说，算上我，女朋友，我支持你。

多丽丝·莱辛

多丽丝·莱辛(Doris Lessing)获得了今年（2007年）的诺贝尔文学奖。这个消息我是从诗人童蔚给我的电子信中得知的。她说："多丽丝·莱辛得奖了。你还记得你那次举行活动，她来京是哪年么？"我看了童蔚的信，上网看，才知道诺贝尔文学奖刚给了英国作家多丽丝·莱辛。对这个消息我毫不惊异，莱辛早就该获这个奖了。四十年来，她一直都在诺贝尔文学奖的最后名单上，所以这个奖已经是迟来的了。记者问她，如果没有获得这个奖，她会不会失望。她抬起眼睛："获奖不获奖这类的话让人听着都没劲。我已经获得了欧洲所有的奖。虽然这个奖是最风光的，但是从文学的角度看，并不意味着最好的。"她不在乎。

我看在网上到处都发的她与记者见面的照片。她穿着洗得发白的牛仔布连衣裙,套着一件毛衣坎肩,随随便便地坐在家门口的石头台阶上,手放在下颏,看着那些举着本子和照相机的记者,好像对这些热闹的喧嚣感到既不解又好奇。她的这个坐姿,如此说明她对世界喧嚣的态度,让我想起她说的话:"我们是自由的,这里我能说我所想的,我们是幸运的,有特权的,为什么不利用呢?"莱辛所指的特权,就是自由地不为任何意识形态写作,独立发言,从自己对生活和世界的观察出发来写作。她的作品是二十世纪的个人见证。综观世界,很少有作家能像她这样以长达近六十年的写作生涯来分析、思考、描述她生活的这个时代和这个时代的人的生活。她今年在八十八岁之际还出版了一本新的小说《裂缝》。

自由是莱辛问我的问题之一。1993年5月初,莱辛以及女作家玛格丽特·德拉布尔和传记作家麦克·霍洛伊德来中国访问。我那天陪他们逛天安门广场,她问我:"你觉得你们有自由吗?"我对她的问题,真的觉得困惑,我抬眼看看天安门:"自由?什么是自由?我不知道什么是自由,怎么说我有或没有自由呢?"她点头称是,好像自言自语地说:"是呀,自由是一个相对的概念。没有自由的概念,就是自由。再说,这世界上谁真有自由?"那天我们走过广场,走到西单,因为一直在谈论,我都没有注意到我们走了那么多路。我们来到我的家,在我家喝茶。晚上莱辛和十多个中国年轻的写作者在一个餐馆吃饭见面,最后是她付钱买单。她问我要付多少钱小费,我回答,中国没有小费这一说啊。

写自己的时代——她的作品总是与时代合拍，好像是时代通过她的笔在表达自己。1950年她的第一本书《野草在歌唱》写的是南非的生活，种族和阶级之间的关系，写的是她目睹的生活，也是她自己的生活。这部小说的题目"野草在歌唱"是T. S. 艾略特的诗歌《废墟》（中文有人译作《荒原》）中的一行诗歌。1950年《纽约时报书评》在小说刚出版后就预言说："没有一个公平的批评家会看不出这部小说的深度和成熟度，这部出色的心理研究，而作者就是在她自己的国家里也闻所未闻。《野草在歌唱》不是一部娱乐的著作，也不容易读。这部书是读起来让人痛苦的反映一个女性失败的画卷，那些斗争与戏剧都发生在她的内心。"莱辛自己在该书出版半个世纪后这样评价自己的第一本书："让我惊异的是我写这本书的时候是二十五岁，我觉得这部书更像一部年纪更大一点的人写的东西。二十五岁是相当年轻的年龄。这本书对一个年轻的女性，一个非常嫩的人来说，是一本相当成熟的书。我对自己那时就那么懂人类的本性感到吃惊。"莱辛是在BBC电台上接受采访时这样回顾自己的出发点的。

独立独行地思考自己生活的时代，从《野草在歌唱》开始，莱辛写了多少本书？恐怕她自己也记不清楚了。五十多本书，平均一年一本。这些书的体裁有多少种？有现实主义传统的小说，有科幻小说，有戏剧，有诗歌，有自传，有寓言，有评论，有书评，阅读笔记，有短篇，有长篇，更有系列长篇——她几乎试验了每一种可以想象的文学体裁。她是一个极具试验精神的作家，从五十年代就转向科幻小说的写作，这在当时现实主义作家中是很罕见的，那时的科幻小说读者也不多。写了这么多书，莱辛在2006年的一次采访中说，她希望读者们将来仍读她写的科幻小说。获奖之后，记者问她哪部小说她觉得可以推荐。她认为自己最好的小说是科幻小说《沦为殖民地的第五号行星什卡斯塔》系列，因为小说体裁的实验性。对自己的文体试验，她非常骄傲。她的科幻小说在五十年代被一些读者看成是未来的真实寓言。有些读者居然还以她的小说为蓝本组织宗教组织，在美国建设公社，给莱辛写信，问神什么时候会到公社里来访问。莱辛回答说，我的书是虚构的，不是真的。那些人回答，哦，你是在考验我们的信仰。

一次在旧金山与读者见面，有一个人说："多丽丝，我希望你不要写那些没意思的现实主义小说了。"另一个读者站起来说："多丽丝，我希望你别浪费时间写那些愚蠢的科幻小说了。"结果这两个人打了起来，读者们也都分成两大派，争论个不休。在写科幻小说的同时，莱辛也在写其他体裁的故事，她从没有自我限定，也从未听从任何人的指挥。她真的是著作等身，从没停下过笔。她自己说，她对写作和书籍的热爱一定是不正常的。一旦她完成了一本书，送到出版社，她就很高兴。可是没有几天她就开始感到自己是在浪费时间，浪费生命，自己简直就是一事无成，活得毫无意义，得赶快回到打字机前。直到坐在打字机前，她才开始安心，再做自己能做的事情。

在五十多本书中，最引起大波大浪的是《金色笔记》。这本书出版于1962年，在第二浪潮女权主义运动之前。书出版后影响深远，起到了第二浪潮女权主义运动的前浪作用，引发了女权主义鼓励女性发现自我的巨潮。2002年《纽约时报书评》在纪念这部书出版四十周年的时候，评论家伊丽莎白·哈德维克说："《金色笔记》是多丽丝·莱辛最重要的著作，给整整一代女性的思想和感情留下了印记。"《金色笔记》的叙述方式十分别致。非常成功的女作家安娜试图与一个男人生活，这个男人坚持他们的关系一定得是自由的关系。安娜有四个笔记本，记述不同的内容：黑色笔记本里她记述自己早年在非洲的生活；红色笔记本里她记述自己参与的政治生活，她对共产主义的幻灭；黄色笔记本是她正在写的小说的主人公记述的经历；蓝色笔记本是安娜的个人日记，她爱上了一个美国作家。安娜试图用金色笔记本把所有的这些故事串联起来，写出了生活在二次大战后的一个女性知识分子在政治、个人感情、职业发展等方面的困惑和经历，反思自己这一代人面临的各种挑战、选择和道路。

由于这本书在女权主义运动中的作用，很多人都问她为什么写这本书，这本书与女权主义思潮有什么关系。她总是给同样的回答："我写《金色笔记》的时候，根本不知道我在写一本女权主义的书，因为我所写的就是女人们在厨房里聊天时说的那些东西，但是说话没有写成文字那样的效果。人们反应得好像我做了什么让人惊异的壮举，其实我就是把女人们说的话写了下来。"这也许正是莱辛写作的出发点。

莱辛的写作不是从某个主义出发的，而是从生活出发的。她与时代合拍，她的每一本书都反映了她对自己所处的时代的思考。对《金色笔记》一书为什么影响如此巨大，她反思说："部分地是因为那是有女权主义思想在里面的第一本书，也因为我写的时候有极强的能量在里面。那是五十年代末，我的整个个人生活都在混乱动荡之中，共产主义就在你眼前变成碎片，所有这些都在书里面。我觉得是因为那本书里面的能量，使那本书受欢迎。"莱辛所说的能量，是书的激情和智识的力量，书引起读者的共鸣能量。在我看来，这部书的意义在于反映了莱辛那一代人，特别是知识女性的精神历程。每个阅读的女性都在那本书里找到了自我，发现了自我。通过主人公安娜的不同的自我——在与文字和人的不同的关系中，女性们发现了自己这一代人的困惑、渴望、焦虑和梦想。

思考她所生活的时代，关注时代的发展，关注个人在时代里的变化，是莱辛写作的根本动力。莱辛写的书几乎与自己的年龄一样进步。当她五十多岁的时候，她开始考虑女性与衰老的问题。我非常喜欢她的另一本不怎么著名的小说《简·萨默斯的日记》。这是一部描绘一个中年知识女性与一位老年劳工阶级女性的友谊的故事。简快六十岁了，独身生活，是一家杂志的主编，因为某个机遇，她遇到了一个八十多岁的有老年痴呆症的工人阶级女性，从此她开始帮助这个几乎无法自理的老年女人。在帮助这个老年女人的过程中，她思考衰老的问题，对女性与衰老的关系有很多独到的观察与理解。这也是一本关于女性自我发现和对其他女性生活的发现的故事,在某种意义上既回应了寻找"我们母亲的花园"的女性寻找自己的历史和关系的努力,也是对年龄的意义与女性的关系的一个考察,是一本温馨美好的书。可是,莱辛写作这本书却不是从概念出发的。她曾经对美国著名的电视采访人比利·默耶说:"我认为作家不应该有什么使命。我们忘掉的是,小说不停地介绍我们以前从未想到的生活的方面,小说把公众意识中未曾真正意识到的东西带进来。这特别是在美国,我记得一些美国最伟大的小说家。没有南方小说家,谁会知道美国的南方?我们知道俄国,都是因为小说家。我想这是我们忘掉的小说的作用。"关于她自己的小说,她说:"比一切都让我感兴趣的是我们的心灵正在转变的方式,我们的现实正在转变的方式。"

1993年我翻译了莱辛与美国著名文学杂志《巴黎评论》的访谈,谈到为什么写作,莱辛回答:"我变成了一个作家是因为我在生活中总是感到挫败。"她于1949年三十岁的时候从非洲中部来到伦敦,带着一个年幼的孩子,把其他两个孩子留给了第一任丈夫,此时她已经结过两次婚,离了两次婚,一个单身母亲,怀着梦想来到战后的伦敦,希望靠写作为生。伦敦还在战后的创伤里,街道破败,没有整修,到处都灰蒙蒙的,咖啡都难喝,食物粗劣。但是她说,那时他们不管这些物质,反正谁都没有钱,也不关心钱。第二年她就出版了《野草在歌唱》,从此以伦敦为家,以写作为生。

特立独行,她对时代的思考使她常常说出一些其他作家不愿说或不敢说的话。比如被看成是女权主义旗手，她对时时刻刻被称为女权主义作家很不满意。对六十年代——虽然六十年代是她的作品最流行的时代，也是很多知识分子都欢呼的时代——她也很不以为然。她认为，六十年代的西方的"文化革命"，吸毒、性解放等都是中产阶级的孩子，物质生活极其丰富，要什么有什么，是不知道该做什么好的产物。她说："六十年代以来的孩子们，人人似乎都觉得他们被担保有天堂似的。谁担保他们了呢？我遇到很多人，他们真诚地悲伤，因为事情不是完美无缺的，他们没有天堂。"对六十年代的性解放，她评论说："性解放好像是说以前就没有性解放一样。战争时代（二战），人们就那样了。所以我觉得六十年代的错误是二战的后遗症。"对六十年代的文化，她常常表示批评，虽然她承认，六十年代的政治很有意思："什么都没有比假装自己是革命的人更有意思了。我对那些介入1968年的巴黎的人很有兴趣。"在她的小说《第五个孩子》（1988）中，她描写六十年代人，认为那一代人是广告和市场化的产物。她认为在某种意义上西方已经陷入"我们集体性的文化疯狂"。她对政府政治持非常怀疑的态度，不太相信任何政治家会改变一个国家。克林顿1992年上台，她正在美国，看到她的朋友们高兴得彻夜狂欢，鄙夷地说，这些人根本忘了历史，没有一个人是大救星。她说话有时口无遮拦，自己也说："别人告诉我我心胸狭小，视野不宽，可能他们是对的。"她坦白，喜欢直来直去，"我不是那些坐在那里，担忧死后声誉作家中的一个"，所以她不在乎。

1993 年的访问，多丽丝·莱辛是应中国作家协会邀请来访的。来之前，她通过朋友表示希望见见中国年轻的或意见不同的作家。我的朋友就从英国写信来，请我为她安排这个活动。而我，承担这样的责任，却谁也不认识，打电话找到一个著名的中国作家，在他的帮助下，找到了好几个当时就已经很知名的年轻作家，一共有十来个人，大家一起吃晚餐。在晚餐上大家谈论了很多问题，我给大家做翻译。多年过去，我不记得我们都谈了些什么。走的时候，莱辛送给我她的小说，签上了她的名字。我们一起照了相。可惜那些照片都因为我这十多年来生活的漂流，不知哪里去了。

我记得更多的是我问她的问题："你怎么看女权主义？"她回答说："在我看来，女权主义对西方那些有特权的女性有很深刻的影响和改变。但是从很多方面看，没有对穷人和第三世界劳工阶级妇女产生作用，这点让我不满。"莱辛的话让我印象深刻，可是我当时却不明白。后来我到美国读书，选女权主义理论课，读到美国黑人女权主义理论家贝尔·胡克斯的书，才明白莱辛说的问题是什么。

莱辛对女权主义有异议，出自她的特立独行。她不满西方第二浪潮女权主义关注和改变的是中产阶级白人女性的生活，而下层阶级和第三世界国家的女性并没有因为西方的女权主义运动而改变地位。莱辛的写作不是从某个主义出发的，虽然她的写作非常关注女性的主体建设。在某种意义上，女权主义是她的出发点，不是目的地。在她关注的两性之间的关系中，平等只是关系的一个方面。所以用一种主义来理解她，或把她描绘成女权主义的敌人，都是哗众取宠的简单思维。

在一次访谈中，莱辛谈到我们这个世界很多人就是愿意把复杂的问题简单化、标签化，比如人们说某某人是这种主义作家或那种主义作家等等，把作家对生活和世界的思考用标签简单化。她特别说，这种简单化是世界潮流。在中国的时候，她特别注意到中国什么事情都有标语。她说："中国人似乎从来不分析问题，他们把问题简化成一个标签，'让百花齐放'等等。"那些把莱辛说成女权主义作家或反对女权主义作家的标签就是这种简单思维的产物。莱辛非常反对用各种主义来把人划类别。

她说："我们总是划类，把人们放进根本不是他们的类别里。"她对理想主义也不以为然，虽然她自己承认，她的书的很多主题都是理想主义和失望的关系，人的本性和现实的关系。她在2006年说："至于理想主义，希特勒是理想主义者。你听说过他的千年帝国的计划吗？墨索里尼也是。"我毫不怀疑，她对主义类的简单化思维表示极度不信任。

她自己早年参与共产主义小组的活动，第二个丈夫是个共产主义者，用莱辛的话说，是个百分之一百五十的共产主义者。从自己的经验出发，她因此对任何主义都不相信。她的作品被评论家贴上了一切可能贴上的标签：理想主义、女权主义、后殖民主义、共产主义、神秘主义……几乎二十世纪的一切主义都贴在她的作品上。她听到这些评论，摆摆手说："他们在那里，他们喜欢贴标签，这样他们就觉得容易一点。"她还是不在乎。

我们还谈到女作家与孩子的关系。在我家的时候，她问我有几个孩子。我向她解释中国的独生子女政策。她说她有三个孩子，女作家玛格丽特·德拉布尔告诉我她也有三个孩子。我惊讶有孩子怎么能有时间写作，她们都说有孩子帮助她们写作。我听到这样的答案感到吃惊。我这代中国女性都认为有孩子是负担，我的朋友中没有孩子的比比皆是，因此当时我对她们谈及孩子与写作的关系很不解。她们还告诉我她们的孩子都长大了。那天我的孩子正好上学去了，我把自己孩子的照片给他们看。

我还记得她谈到环境问题。她说："英国恐怕没有一寸土地没有被整理和耕种过了。我们已经不是生活在一个自然的世界里了。"对人类生存环境的关注导致她采用科幻小说的体裁来写作。她送给我的小说就是她写的科幻长篇，以《南船座上的凯纳伯斯城》为名的系列"太空小说"的第一本——《沦为殖民地的第五号行星什卡斯塔》，这个系列共包括五本小说。莱辛的"太空小说"以科学幻想小说体裁，表达了她对人与环境，人与自然关系的思考。

多年后我阅读诺贝尔文学奖获得者约翰·库切的书《伊丽莎白·卡斯特罗》，里面的年迈的女作家为环境问题与世界对抗，总让我想到多丽丝·莱辛，甚至相信伊丽莎白就是多丽丝——一个为正义、自由、平等权利，包括动物的平等权利而与世界对立的孤独的声音，一位年迈的我们的精神母亲。约翰·库切是莱辛的好朋友，他称莱辛是"我们时代最伟大的有远见的小说家之一"。

莱辛到中国来的时候,已经七十四岁。她穿着牛仔蓝的印花的连衣裙,平跟鞋,头发中分着,和她现在的样子很相像。那天天气非常温暖和明媚,我们在天安门广场上穿过,走过西长安街,一直走到西单。我们走了一个多小时,到我家又坐了一个多小时。我当时太关注和他们说话,没有注意我们走了多少路,后来想起来,很后悔,忘了照顾她的身体和年龄。

莱辛似乎从来没有写过她这次到中国的访问。有一次一个访谈者问她对中国之行的印象,是否她会写点什么。她回答说:"我还没写,恐怕也不会写吧。因为我有很多印象,但是都是根据一次很短的访问。我去中国之前,被告知说中国人不会谈论政治,但这不是真的。我是和玛格丽特·德拉布尔、麦克·霍洛伊德一起去的。我们发现中国人非常公开,显然毫不畏惧。他们批判'文化大革命',没有一个人回头看看自己的肩膀,担心被逮捕。在上海我看到巨大的反差。在某个街上,可能有非常显眼的商店,卖灿烂夺目的欧洲时装的仿制品。但是走到一个后面的街口,就是贫穷的家庭,拥挤在只有一盏光秃秃的灯泡的一间房子里。一个晚上我听到一个中国家庭唱'祝你生日快乐',这非常奇怪,你一定会想他们应该有自己的庆祝生日的歌曲。世界上每一个占统治地位的社会,无论是法国或英国或美国,都把自己的文化强加在其他没有那么发达的社会身上。"

闯线的女人

1991年,二十九岁的娜奥米·伍尔夫(Naomi Wolf)发表了她的书《美的神话:美的形象是怎样用来反对女性的?》,一举成为新一代女权主义的发言人。这本书被看成第三浪潮女权主义诞生的标志,出版之后,不仅成为当年美国畅销书,而且立刻被翻译成西方主要文字,成为国际畅销书。娜奥米本人也成为新一代即第三浪潮女权主义的主要思想代表之一。

《美的神话》讨论的是美国以及西方社会怎样用非现实的"美"的标准"强迫"女性"自愿"就范。娜奥米论证说,"美"是一个社会和文化构建的概念,在男权社会里,是男权在决定什么是美,根本的目的是维持男权统治的霸权。娜奥米在这本书里,对第二浪潮女权主义关注女性社会权利——工作权、同工同酬权等进行批判,认为女性的社会权利是表,而女性在文化里的地位才是根本。她说,虽然第二浪潮女权主义为女性带来了工作、经济权,但女性仍生活在男权制定的文化标准里,女性的身体和心理仍笼罩在男权思想之下。她举例说,在一次调查中,三万多女性认为减肥十磅比其他目标重要得多,在这个以瘦为性感的文化里,女性自觉地跟着男性的标准走。

第二浪潮女权主义思想者们对这本书都热烈地支持。第二浪潮女权主义的创始人,写作了《女性的奥秘》一书的贝蒂·弗里丹推荐这本书说:"《美的神话》以及本书引起的争议是女权主义意识新浪潮的充满希望的标志。"格劳瑞亚·斯坦尼姆说:"《美的神话》是一本聪明的、愤怒的、充满洞见的书,是呼唤自由的行动宣言,每个人都该读。"

娜奥米·伍尔夫从此一直活跃在当代美国女权主义思想里。她的每本书都获得公众的很大注意,虽说她的书获得的评论一直都褒贬不一。她思考的问题都与女性的身体有关,所著的书大多也都是从女性身体出发,特别是从她自我的身体经验出发。她的书《淫荡》(1997)讨论年轻女性的性经验,分析文学作品与自我身体经验,指出以往大师的文学作品中对女性身体经验的描述是从男性出发的,他们并不真正了解年轻女性的性行为与性思想。《纽约时报书评》认为,任何六十年代后出生的人,都很难把这本书放下,因为"通过个人经验",娜奥米把女性性欲望与性行为这个"野生地"描述了出来。

《错误的概念：真实、谎言与成为母亲的没有预期的旅程》(2001)是她对自己怀孕后身体和心理变化的研究，当然同样是把个人经验放在更广阔的背景下探讨。她生孩子采用了剖腹产，通过这个经验，她提倡自然生育，反对美国医院里流行的剖腹产。她的提倡对近些年女性回归自然分娩有很大影响。

除此之外，娜奥米·伍尔夫还积极地介入美国政治。她在 2000 年是美国民主党总统候选人戈尔的女性顾问。她在这次大选之后所出版的书，是对美国民主的思考与担忧。《美国的完结：给一个年轻爱国者的警告信》(2007)探讨美国成为法西斯国家的可能，提出任何国家都可以通过十步路，一步一步走向法西斯主义，美国也不例外。本书被拍成一部纪录片，我认为是一部人人都该看的片子，特别是中国青年。本书的续集《给我自由：美国革命者手册》(2009)则进一步批判美国政府背叛美国革命的理想，探讨民主是怎样可能被扼杀的。为捍卫民主，她积极参与各种政治活动，2011 年 10 月 20 日，娜奥米·伍尔夫因"占领华尔街"运动被捕。娜奥米认为她的被捕，说明美国法律并不保护言论自由，美国民主受到很大挑战。

2012 年，娜奥米·伍尔夫的《阴道：一本新传记》在英国与美国同时出版。在这本书里，娜奥米再次回归她原来一直分析的主题：女性的身体，使用的还是她以前的方式：从个人经验出发，探讨女性身体的文化与政治含义。

英国《卫报》评论娜奥米的新书为"阴道：一部文化史"。娜奥米自己阐释说，几年前她的身体变得越来越难以获得性高潮，到医院看过之后，才知道她的阴道患了一种神经系统的病。从这场个人经验出发，娜奥米探讨阴道与健康、阴道与女性的文化历史的关系。《名利场》杂志认为这本书"把文化史，脑科学，以及心灵与身体的关系"综合一起，探讨女性的性欲与欲望，女性身份问题，具有真知灼见。

如娜奥米·伍尔夫的每一本书一样，她的这本新书也同样引起巨大争论，批判的声音也此起彼伏。事实是，"阴道"这个词在美国仍然是一个禁忌语，大部分美国人，因为宗教等等原因，对阴道仍然是充满狐疑地害怕。娜奥米再次挑战，无论你是否同意她的观点，不可否认，她的新书为美国的女权主义思想再次带来新的深度与广度。

厌女症：世界最古老的偏见

全世界的脏话大都以女人特别是女人的生殖器为让人最厌恶的指称。据爱尔兰记者、诗人、作家杰克·霍兰德(Jack Holland)在他如今已被翻译成多种文字的著作《厌女症：世界最古老的偏见》前言里回顾，他成长的北爱尔兰，cunt(逼)这个字是表达最强烈的鄙视的骂人的词，"如果你极度厌恶或痛恨一个人，就用 cunt 这个词来骂"。这个词写在厕所的墙上里，写在黑乎乎的小巷里，"没有比傻逼更傻的了"。

二十世纪五六十年代，北爱尔兰一直在暴力、动荡与血腥里，但无论是哪方的政治和宗教力量，对女性的 cunt，都同仇敌忾般地蔑视、厌恶和仇恨。爱上英国士兵的天主教爱尔兰女孩子被揪出来在大街上痛打,打她们的通常都是女人,这些女孩子被骂成"骚逼",男人则给女孩子剃阴阳头,往她们身上浇沥青,给她们插上羽毛,表示她们是邪恶的"逼"。

厌恶女人?厌恶女人的生殖器?这种逻辑从何而来?杰克·霍兰德在这本论述翔实书中说,这种逻辑在西方已经存在了两千多年,是西方文明的土壤。在西方文明刚刚孕育之刻,人们已经把男人的错误都赖成是女人导致的了:亚当的堕落是夏娃引导的。在古希腊罗马哲学里,女性被看成是低男性一等的缺乏智力的不算是人的"非人"。中世纪的宗教更是变本加厉,强化这种对女性的厌恶。天主教创建者之一德尔图良(Tertullian 160—220)谈论女人的身体和女人:"你是罪恶的门道,你是偷吃禁果的引领……你毁灭了上帝的形象——男人。"这种因女人身体不同,仅仅是身体的不同,而被贬低、责备、归罪和厌恶的文化和传统,就是厌女症(misogyny)。

厌女症是一个全球的历史和文化现象,这个现象没有任何生物基础,虽然是建立在男女身体不同的生物基础上。厌女症至今仍然在世界很多国家和文化里占统治地位,看看被石头砸死的被强奸伊朗姑娘——她被强奸了,她却被砸死;看看非洲无数个被迫切割阴蒂的女孩子;看看2003年在美国某军事基地五个被丈夫杀死的妻子;看看中国,被堕胎的女婴,失学的女孩,被殴打的妻子,被歧视的中老年女性……对女性的歧视存在于每一个公共与私人空间里。

即使是私人空间,就拿性行为来说,很多人把性行为看成是侮辱和羞辱的行为。"肏"是男人的生殖器的运动,不是女人的行为,中国某男人写"我穿过一座城市去肏你"居然被很多人热烈赞美。"肏"这个行为让女人蒙羞,让男人得意,因为男人是统治者、压迫者、使用者。在厌女文化的眼睛里,性行为成为一个性别对另一个性别的占有、统治与使用,成为侮辱(女人)与羞辱(男人)的表达,很多人把这看成理所当然。

为什么人们对厌女症如此习惯,觉得如此自然?杰克·霍兰德分析西方历史上厌女症产生的历史和影响,认为在人类的历史上,厌女是被"接受的社会常识",是西方文明生存的土壤,这种偏见如此通常和平常,几乎不被注意。在西方的历史记录和哲学思想里,对女性的贬斥、侮辱、嘲笑无处不在。世界的主要宗教,无一不是建立在贬低女人的基础上。生存在这样的社会里,人人都是这种社会的产物,厌女成了我们生长的土壤,是生来就呼吸的文化空气,我们都是呼吸这种空气长大的,谁能逃脱得掉?

"一种偏见可以存在很长时间,直到这种偏见有了名字"。厌女症这个词汇的产生,指出这种偏见的存在与历史。杰克·霍兰德分析,厌女症可以用四个以 P 打头字来描述:pervasive(无处不在)、persistent(顽固不息)、pernicious(作恶多端)、protean(形式多变)。"在人们发明了车轮之前,他们已经发明了厌女症;当我们的轮子已经在火星上奔跑,厌女症仍在烧灼生命"。厌女症之所以是世界上最古老也是最顽固的偏见,原因很明显,因为厌女症存在于男人与女人的两性关系中,这种关系关联到生物、性、心理、社会、经济、政治和文化的每一个层面，这种关系多层面地如绳结一样缠在一起，关联到我们的存在：既是个体的，也是群体的；既是社会的，也是生物物种的。厌女症太复杂了，太个人化了，太弥漫在生活中的每一个空间里了，从生物到政治到文化的每一个层面，厌女症都无处不在。

杰克·霍兰德认为厌女症的产生来源于男性对女性的先天性恐惧，由于女性与男性不同，女性被男性看成非我族类的"他者"。人类有这种群体性，把非我族类看成他者，看成一切罪恶的替罪羔羊。可是女人这个"他者"又是男人必不可少的，不如种族、阶级等"他者"你可以想方设法避免，无论你怎样看不起女性，男人又不得不依靠女性：他们首先是女性生出来的，种族繁衍没有女性做不到，在最私密的层面，女性必不可少。这种对女性的依靠以及对女性与自己不同的恐惧，使得男性在确立自己地位的时候，通过蔑视女性来确立自己的统治身份。

虽然厌女症无处不在，并不是每个人都是厌女症患者。上两个世纪以来，世界的男女们开始觉醒，开始批判厌女偏见，争取男女平等。一百五十多年前，英国思想家约翰·斯图尔特·密尔著书《妇女的屈从地位》（1869年）探讨女性被屈从的现状与历史，成为西方女权主义思想的源泉之一，也是五四时代中国女性解放的思想源泉之一。比密尔还早的中国男作家李汝珍，他的《镜花缘》里对女性地位的同情，反映了中国本土同情女性思想的萌芽。

对厌女文化有觉悟，有敏感，需要学习，需要思考。没学习过女性历史和思想的人，把厌女文化看成是自然而然。一百多年前，中国女人裹脚，西方女人束腰，那时大家都认为这自然而然，后来通过学习人们知道，裹脚束腰都残害女人的身体，把女人当成男人的用品，前者是男人病态的性爱好的产物，后者是男人对女性美病态的想象的产物。中外男人和女人都在二十世纪初觉悟，从而裹脚束腰的习俗被彻底抛弃。

女性并不是先天就有反对厌女症的知识的，实际上很多女性是厌女症的实施代理人，比如卢旺达1994年种族大屠杀时的妇女部长宝琳·尼拉马苏胡科（Pauline Nyiramasuhuko），在大屠杀中鼓动胡图族男人在屠杀图西女人之前强奸她们。她于2011年被国际法庭判以终身监禁，是人类历史上第一个因种族屠杀被判刑的女性，美国《纽约时报》称她为"强奸部长"。这样的例子说明，在厌女症社会里，女性也可能是厌女症思想的积极行动者，因为厌女也是女性生长的土壤和空气。

追求男女平等，改变厌女文化，不是自然而然产生的，杰克·霍兰德指出："女性的平等并不是从人类自然性里产生的，而是产生于正义、公平、和个人权利等概念，这些思想是从启蒙主义思想里发展出来的哲学与政治原则。""再重复一遍：平等不是人类各个群体可以互换的经验性的宣称，而是道德原则，这个原则来源于每个个体都不应该被其群体的平均值评判或限制。"换句话说，从历史上看，厌女是

"正常的",是我们生长的环境,呼吸的空气,而反对厌女症,对厌女文化警觉,却需要一个人有道德勇气,有个人权利概念,有公平、正义之心,而这些是需要教育和思考才获得的思想和品质,这也许解释了为什么大多数中国人对性别歧视——明显的与隐形的性别歧视,缺乏敏感和警觉。

家暴之殇：美国南卡州女性的悲与痛

南卡罗来纳州的家暴

南卡罗来纳州位于美国东南部，东边面对大西洋，西边是连绵的著名的蓝色群山山脉，风景秀丽，气候宜人。历史上这是一个农业州，白人占 68.3%，黑人占 27.9%，经济在美国相当落后，人口平均收入在美国属于最低的五个州之一。

南卡罗来纳州 2014 年人口有 480 多万人，在美国的五十个州排名第二十四。从女性家庭暴力致死率上看，在美国十年来一直不光彩地位居榜首，每年都有至少三十位女性被她们的丈夫或伴侣杀死，也就是说每十二天就有一个女性被她们生命中的男人杀死。上十年被杀死的女性——杀死的方式有枪杀，勒死，打死等等，比十多年来南卡州战死于伊拉克和阿富汗两场战争的士兵多三倍。

这样的数字，十年来并没有震动这个州的州政府，没有震动立法人员：州参议院、州议会，没有震动执法的警察部门，没有震动村村镇镇的教会。南卡州有四十六个县，每个县都至少有一个动物收容所，但整个州只有十八个收容被家暴女性的庇护所。2012年7月到2013年6月，十二个月里，380位被家暴的女性被收容所拒绝，她们无路可走，再次回到暴力弥漫的家，有的回家被打死，有的还在忍受家暴。

家庭暴力在南卡州延续不已，每年有三万六千起家暴记录：从海边的小镇到深山里孤独的房屋，从大城市到郊区，女性的血溅在这个州的每个县里，可是人们却司空见惯，政府和立法者对此无动于衷。2014年州议会有一打以上的帮助受暴女性和惩罚凶手的提案，所有的提案都被否定，有的甚至没有经过讨论，只有一个提案获得通过：那就是在受暴家庭中的宠物要受到保护，要被送到动物收容所去。

原因何在？2014年，南卡州一家不大的报纸《邮报与信使》的四位记者决定对此事进行调查。他们调查了八个月，采访了几百个人，查看了很多档案，他们所写的长篇深度分析报道《直到死亡把我们分开》获得了美国新闻最著名的奖普利策奖中的公共服务奖，奖励这四位记者把这个议题提到全国面前，迫使南卡罗来纳州政府和议会、迫使该州的教会与执法部门面对这个问题。

忽视家暴的政府和立法

从政治上看，南卡罗来纳是共和党占统治地位的州，现任州长是女性，也是南卡州历史上第一位女性州长，共和党人。这个州的上几任州长一直都是共和党人，州议会和参议院也是共和党占多数，因此这个州是支持携带枪支、坚决反对枪支管理的强硬州。在美国，越是乡村和文化保守的州，越喜欢枪支，而枪杀是南卡州女性被家暴致死的第一种方式，占64%。

南卡州的法律对施暴者非常宽容。第一次施暴被逮捕的罪犯，只被关押三十天；而虐待宠物的人，即使是头一次犯罪，可以被关押五年。

南卡州的政治结构基本男权，这个州的立法和政府基本上是一个男权统治的兄弟会，各个层面的立法者大多都是男人，很少有女性参与。2014年的州参议院的"立法委员会"有二十三个成员，只有一名女性。众议院的"立法委员会"有二十五个成员，只有五名女性。这些委员会下属的接受和处理家暴提案的委员会，无一人是女性。男性主导的立法机构里，认为家暴不是什么重要的事情。

这些立法者也大多反对对施暴者进行严厉的惩罚，因为他们"担心"施暴者被送进监狱时间长了，就会失去工作，失去房子，失去家庭，或这些有暴力的家庭就可能破碎。"保护家庭的完整"比帮助受暴力的女性重要得多，他们很多人相信，家庭是一个人的堡垒，家里的事情，外人没必要插手。

还有立法者认为家庭暴力是那些女性有问题，一个参议员用鄙夷的口气谈论"那类女人"，好像这些女性被家暴是自找。有的立法者指责女性："被施暴了干嘛还回去？"他们似乎完全不理解家暴是一个复杂的事件：家庭、感情、经济、孩子……在女性没有决定权或经济权的家庭里，离开施暴者是非常困难的。

还有的立法者认为，反家暴活动人士和各种反家暴组织提出的严惩施暴者和为受暴者提供帮助是"治标不治本"，而且让人们有了对家暴的认识，女人开始抱怨。南卡州共和党参议员汤姆·库尔宾说："世界需要更多的对耶稣的爱，我认为这能防止很多暴力。"

保守与宗教的家暴文化

南卡州在文化上相当保守，是美国南方的"圣经带"（the Bible belt）上被《圣经》捆得最紧的州之一，这里的人84％信仰宗教，宗教和传统是他们生活中最重要的精神支柱，他们很多人坚信《圣经》中说的，男性应当统治，女人是亚当的肋骨创造的，女人是男人的附属品，从属男性是天经地义。

传统是南卡州生活的"脊梁"。很多人仍然相信，男主外，女主内，女人的位置是厨房和卧室。历史上看，南卡州直到全美其他各州都立法给予女性选举权之后两年才同意给予女性选举权，1949年才允许女性提出离婚，1967年女性才可以做法庭的陪审员——做陪审员表明你有头脑判断事物，而直到1991年婚内强奸才是罪行。

文化的保守与宗教深刻地塑造了这里的人的生活方式。"你可以死去，但离婚不可能"，很多人认为离婚是罪恶。还有很多人，特别是女性害怕离婚，离婚让你在亲戚邻里之间抬不起头来。离婚后经济上也受到很大损失，女性离婚后往往更贫穷。被家暴的女性詹娜说："我做了婚姻的承诺，是好是坏，直到死亡把我们分开。所以我祈祷了十八年，希望我的丈夫能不打我。"这些祈祷没有回音，直到她的丈夫要杀死她，她才逃离。

宗教教导人们，婚姻是神圣的，男女的婚姻是神的联盟。南卡州浓厚的宗教环境并没有帮助女性。一个小镇上的牧师马克·柏格威尔说，宗教誓言和教导更可能让很多女性不敢离开她们的施暴者，教会通常会让女性觉得"如果离开丈夫，上帝会很失望"。

在南卡州的文化里，男人有一种"荣誉"情结，他们动不动就觉得自己的"荣誉"受到挑战，如果自己的妻子跟别的男人有染，这种对自己荣誉的捍卫让他们把枪对准自己的妻子。有的人甚至不允许自己的妻子或女友跟别的男人说话，女人是自己的私有物，一旦他们认为"荣誉"有损，他们便暴力相加于女人。

受暴者的恐惧与希望

所有受到家暴的女性都谈到"恐惧"——她们害怕,深深地害怕,非常真实的害怕。在十三年里,特丽莎都忍受丈夫每天的辱骂:"你这个没人要的胖子!只有我要你,你这个丑婆娘!"十三年,他一怒之下就打她;十三年,直到一天她的丈夫走进卧室,用枪对着她的头,开枪,然后她的丈夫走到门外,开枪自杀。让她丈夫没想到的是她幸存下来,虽然左眼失明了。

为什么受暴女性不离开这样糟糕的关系或家庭?很多人不理解,包括很多立法者。这当然不是简单的回答可以阐释的。恐惧不是一天生长的,在男权统治的地方,男人有先天的优越感,仅仅因为他们是男人,他们就觉得比女性多了什么,在家里他们喜欢贬低女性,天天告诉自己的妻子或女友,没有男人,你们女人什么都不是。在逐渐的摧毁里,这些女性开始可能还怀疑,慢慢就接受了。特丽莎遇到这位杀她的丈夫时,刚刚从前一场婚姻里出来,她太渴望爱了,太担心没有人"要"自己了,而男人们通过日常贬低这些女人获得更大和更强的统治权。

女人们也往往感到还有希望,希望通过爱,通过屈服,还可以改变施暴者。爱,她们强调自己心中的爱,好像爱是什么伟大的事业一样。暴力之后,男人往往变得友好温存,再次激起女性内心的爱的渴望，对家庭完整的希望，她们不知道，暴力不会因为她们的爱而停止，有的人付出了生命的代价。

未来的希望

这篇深度报道发出后，举国瞩目。在这种情况下，南卡州的立法者宣布要审理所有关于家暴的提案。有希望的未来已见端倪，不过我们还要拭目以待。自州政府和议会担保要仔细研究这些法律提案八个月以来，已经又有三十位女性死于家暴，据当地报纸 2015 年 4 月 25 日报道。

女人的权利与中国女性的生活
——答《新京报》记者吴亚顺

你对女权主义和女性主义有怎样的理解?为何强调"权"?

汉语的"女权主义"和"女性主义"这两个词其实是英文词 feminism 的翻译。一个英文字有两个汉语翻译词,是八十年初的中国政治和文化语境的特殊产物。那个时候,刚刚从"文革"出来的中国知识分子,与全国人民本能的感觉一样,对"文革"提倡的"时代不同了男女都一样"的性别政治感到厌倦,对"女权"这样的词也异常反感,于是折中地把 feminism 翻译成女性主义,强调女性的性别立场,有意地突出女性的性别不同,而不是强调女性权利。

汉语的"女权"可以有两种解释：女性权力和女性权利。八十年代 feminism 这个词重新翻译到中国的时候（五四时代这个词已经翻译到汉语里了），这个词的政治联想让很多人不舒服，那个时候，人们的权利意识也非常薄弱，所以"女性主义"这个翻译反映了当时的政治文化语境。我认为这样的翻译当时情有可原，但离这个词本身的含义差别太大。翻译从来都不是两种语言的对称，而是在自己文化语境里的再创造。女性主义这个词就是中国政治语境的再创造，在当时是有意义的，是对中国革命时代抹杀男女性别不同的抗议和反抗。

不过，在我看来，feminism 这个词的真正含义是女权主义，这是从西方女权主义历史中发展出来的权利概念，而不只是性别概念。什么是女权主义？我的定义相当直接："女权主义是争取女性的人权，争取性别平等的思想理论和行动。"只要你赞同性别平等，赞成女性应该与男性一样有同等的政治、经济、文化、教育的权利，你就赞同女权主义，你就是女权主义者，所以其实我们人人都是女权主义者。

有的人从没有听说过或学习过女权主义思想，他们一听女权主义，就以为女权主义者是要把男人踩在脚下的恶婆娘，这完全是误解。女权主义不仇恨男人，女权主义要改变的是男权制的社会体制和文化，因为历史上的男权制根据性别而认为女人低男人一等。你知道《诗经》里说的弄璋弄瓦，男孩子生下来给一块玉玩，放在床上，女孩子生下来给一块瓦片玩，放在床底下。为什么这么区别对待，这就是男权制的社会体制：性别不同，男性比女性受到更好的待遇，有特权，有统治权、压迫权。如果你不同意这样的社会体制和文化，你想要改变这种体制，你就是女权主义者。

女权主义是现代民主思想发展出来的社会思想，认为女性应该跟男性一样有同等的人权。任何一个人同意平等、自由、公正这些基本人权价值，就一定是女权主义者。如果一个人嘴里说自己是公正的，却不认为女性跟男性一样有平等的人权，这个人一定不懂得民主的意义。我觉得现代社会的人谁都会同意女权主义的，是不是？很少有现代男性——有基本现代理念的男性会认为女性因为性别就该低他一等，只有男权癌们即厌女症（misogyny）患者才可能这样想，这样想的人是少数，他们是有意识的。大多数男权癌患者（厌女症患者）其实都是无意识的，这些人男女都有，其实很多女性也是厌女症患者，因为我们都成长在厌女症社会里，我们都是我们时代文化的产品。

你怎么看待女权和男性的关系？女权主义者不能是男性吗？父权结构是否会伤害男性群体？

男性也可以是女权主义者，西方有很多男性女权主义者，我曾在《中国妇女报·新女学》里介绍过很多西方男性女权主义者的主要著作和思想。人人都可以是女权主义者，这就如同人人都可以是马克思主义者一样。中国当代有一个出色的男性女权主义者，舒芜先生，他一生写了很多从女权主义的角度分析中国文化、历史和社会的文章，他虽然没标榜自己是女权主义者，但他的确配得上这个荣誉称号。他的研究和思想是中国女权主义思想的一部分，值得人们学习和进一步研究。

父权制或男权制当然极大地伤害男性，这个制度让男性压抑和统治女性的同时也同样压抑男性，比如中国的父权制要求男性必须"男主外"，出外挣钱养家，殊不知有的男性喜欢在家带孩子，但在中国这会被社会看成不是男人，这样的男性就不得不压抑自己，去符合男权制的要求。女权主义则提倡每个人都应该根据自己的潜能与理想生活，不能说一个男人就必须出外工作。在美国我的同事里就有女教授工作，丈夫在家看孩子，这种事很多，在美国不觉得奇怪。美国双职工家庭，妻子比丈夫挣得多的现在达32％。男人并不因为妻子是养家的主力而有压力，女权主义和男女平等带给每个人心灵的自由和解放。

父权制根本是伤害男性的。几乎在生活中的每一个方面，当一个性别压制另一个性别的时候，占统治的性别也同样受制于这些压迫的规则。就拿做爱来说，女权主义者通常是更好的爱人或做爱的伴侣，因为女权主义者懂得怎样对待和尊重自己的身体。没有女权主义思想的女人把自己的身体看成是给男人用的，女权主义者会懂得身体的欢愉是双方的事情，女性的性满足不是男性的责任，而是女性自己要积极取得的。所以与女权主义者做爱，男人更容易有激情，因为做爱的伴侣知道自己要什么，比被动地等待不知好多少。西方女权主义学者做过研究，发现有女权主义思想的女性通常是更好的性伴侣，更有性

趣。(笑)

你怎么看待女权和女性的关系?

女权主义多好啊,让每个女性都觉悟到自己的力量从而感到生活的无限可能!成为一个自主的人,独立的人,成为一个更好的性伴侣!

女权主义给女性带来解放,也给男性带来解放,因为女权主义强调的两性的平等与合作,而不是东风压倒西风之类的压迫论。女人不是天生就是女权主义者的,成为女权主义者需要个体经验,需要学习。

出生成长在男权社会里,我们都是先天的男权主义者,因为我们把男权思想社会看成是理所应当的。意识到这种思想的压迫性,需要学习,女性不学习不反思,往往是男权思想的执行者,甚至比男人本身还极端。比如中国的缠足制度,给女性缠小脚的,都是母亲或祖母,她们自己受害,还要加害于自己的女儿们,并不是她们不知道痛苦,而是不知道世界上还有不缠小脚的思想。一旦反缠足思想进入,被接受,这个制度就被废弃了。但如果读读中国反缠足历史,就会发现,一直到了二十世纪五十年代,很多偏远地区的女性还在缠足,女性因为缺乏教育机会,缺乏接受新的思想的能力,往往会成为男权的坚定代理人。比如现在的"女德"班里面提倡的思想,都是什么啊?儒家传统里最糟糕的部分,这些女性还沾沾自喜,她们根本对现代思想没有概念。

男性也是如此。男权社会给男性很多特权,比如同等资历或能力的,男性容易找到工作,男性容易得到提升,男性挣钱比女性多,即使是同样的工作。如果你事事占便宜,你愿意改变制度吗?当然不愿意,除非你接受平等和人权思想,但是男性有几个主动接受平等的?男权制度的建立就是在不平等的基础上。所以,男性要接受女权主义,除非少数人主动学习,大多都要被迫灌输。中国这个过程刚刚开始,在女权思想传播上,中国比英美晚整整半个世纪。

婚恋观会对女性构成压力吗?比如"剩女",比如"相亲市场"中男性更愿意娶某些清闲职业的女性等。

中国的婚恋观当然对女性也对男性构成压力。"剩女"一词中的男权立场非常明显,认为一个女性三十岁以上没有丈夫就剩下了,男人就不要她们了。其实仔细看看现实,是这些受过教育的女性不要那些她们觉得跟自己不能平等或匹配的男人,她们没有被"剩下",而是她们挑剩了男人。中国文化中有一个俗语——"有剩男没剩女",因为中国的问题,从历史以来,就是男人找不到老婆,因为穷或其他原因。受教育的独立女性之所以有婚恋挑战,根本的是中国男性还在男权制度的荫护下,普遍没有平等意识,所以男性就愿意娶比自己能力差或资历低的女性,因为他们需要统治感,安全感,在要求平等女性的面前他们矮一头。还有就是中国婚姻质量普遍低下,大多数中国男性不太讲究婚姻质量,女性一需要婚姻质量,男性就受不了,对大多数中国男性来说,婚姻没有质量,似乎舒服一点,要是能随时打老婆,他们就更"男性气"了。

至于男性更愿意与职业清闲的女性结婚,还有实际原因,比如结婚成家,家里需要人来照顾,有了孩子,更需要人照顾。女性的工作清闲给照顾家里带来方便,我觉得没有什么可责备的,可以责备的是社会还没有给每个家庭提供更好的服务设施,也没有给男性提供选择的自由,比如男性休长产假等。幼儿园现在是越来越贵,革命时代的很多帮助女性的设施现在都取消了,女性被迫回到家中。我们需要问的问题是,女性和男性的选择是多了还是少了?女权主义希望给女性和男性提供更多选择的自由,男人不是被环境所迫跟工作清闲的女性结婚,而是跟一个自己喜爱的女性成家,无论这个人做什么工作。

你怎么看待"女汉子"这个词以及女生自称"女汉子"这一社会现象?今年的春晚播出后,也引发"女神"和"女汉子"的讨论。

女性自称"女汉子"挺好的,在塑造女性的自主意识上有巨大帮助,但是我不太喜欢"女汉子"这个词,因为这样的词还是把"汉子"(男性)当成正面形象,我不觉得女性称自己是汉子就一定好,女性可以是坚强勇敢的女人,用不着称自己"汉子"。历史上看,清末民初,中国知识分子特别喜欢提倡英雄,梁启超、金天翮等天天都写"英雄"的故事,秋瑾就被塑造成"英雄",与男性知识分子偕行,先觉先行的中国女权主义者们常常称自己是"英雌",我觉得特棒,打破了"雄"这个男性概念。

不过我认为"女汉子"这个概念恐怕还是男性提出来的，是个嘲讽勇敢女性的词汇，女性拿过来用，变负面为正面，很有意义。如同美国黑人把"negro"（黑鬼）这个词拿来用，一个白人说 negro，表达了种族歧视；一个黑人自称 negro，是把这个词夺回来，变成对自己身份的正面肯定。从这个意义上看，我觉得女性用"女汉子"是对自己身份的正面肯定，所以我不反对用这个词。

"女神"与"女汉子"这类漫画性的对立巩固程式化概念，对女性没有好处，对男人也没有好处。其实现实里，任何女人都可以既是温柔的女人也可以是坚强勇敢的女人，我们每个女人都能承担两个以上的角色。两性相处，能不能调动对方最好的方面，让女人是女神，男人是男神？面对爱人的拥抱与亲吻，每个女人都可以是女神，面对坏人或歧视或欺负你的人，每个女人都可以是女汉子，哪有那么对立的，非此即彼的。

如今，女权主义成为热门话题，但更多的人谈女权色变。是这样吗？为什么会形成这样的印象或者说影响？

女权主义成为热门话题标志着中国社会生活的进步，说明社会有空间吸收新的思想。那些谈女权色变的人，百分之百是对女权思想不了解的人。这种印象的形成在于人们缺乏教育和思考，中国大学里基本不进行女权主义思想或哲学教育，从事媒体的人也没有学过女权哲学，中国高等院校里的女性研究非常薄弱——美国有十二所大学授予女性研究博士学位，授予女性研究硕士学位的上百，而授予学士学位的大学上千。这种女权思想的普及教育还没有把美国变成一个平等社会，中国就更甭提了。中国还没有一个大学授予女性研究硕士学位，只有中华女子学院授予女性研究学士学位。在女权主义思想的教育上，中国比西方落后几十年。

因此，学院、媒体、大众和整个社会都不了解女权主义到底是什么理论，他们怎么能不谈女权色变呢？我相信一旦人们学习了女权主义，就会为自己的女权主义思想和立场自豪。因为说到底，女权就是人权，我想今天有现代思想的人，都愿意称自己拥护人权，他们一旦知道女权主义思想，他们也会愿意称自己为女权主义者。

无谓的喧嚣：
就余秀华走红答华西都市报

Q1：沈老师，您的文章《什么是诗歌？：余秀华——这让我彻夜不眠的诗人》是您最早是发表在网络上，然后被一个网友改了标题，然后传播开来。您还记得大概是哪一天看到了余秀华的诗歌，然后激动地写下了这篇评论文章？

我是1月11号晚上睡前看微信，看到朋友转的《诗刊》微信推荐，第二天早上起来我就写了这篇阅读感想，写的时候我是带着昨夜看她诗歌的感情，所以激情满怀。当时我根本没想到这篇文字会引起任何反响，我就放在自己的豆瓣博客上了。

Q2：作为一名旅美女性主义学者，对于中国的诗歌，您平时关注多吗？此前还关注过哪些国内诗人？总体感觉如何？您跟国内哪些诗人有较多沟通和交流？余秀华最打动你的特质是什么？

我以前比较关注中国的诗歌，因为跟一些诗人是朋友，诗人周瓒编女性诗歌《翼》初期，我很关注，还赞助过呢。那时我还是研究生，每个月的奖学金只有600块钱，带着孩子在美国，很穷，可见我对诗歌的热衷。那时我也曾写过诗歌的评论，也写过关于当代诗歌的论文。我不研究当代中国诗歌，所以无法评论总体感觉。

我常常读和听诗歌。美国全国公共广播电台（NPR）有一个诗歌节目，在早上六点多钟，通常是我起床喝茶的时候，我常常听，要是哪天错过了，我还会到网上找来听，如果这个节目推荐的诗人我觉得好，我就去买这个诗人的诗集读。还有美国的PBS（公共广播电视）上也有一个诗歌节目，我天天看PBS的新闻，所以当他们访问诗人，让诗人朗诵，我也会找他们介绍的、我也喜欢的诗人的诗集看。我猜我的阅读趣味也许受这些诗歌节目的影响，这些诗歌都是让人懂的诗歌，可能这影响了我对诗歌的要求。

我读的更多的是英文诗歌，因为中文诗歌很多我读不明白，可能跟我不在中国有关，一些诗人写的中文，我读不懂，没感觉。你看，说到最后，竟成了最简单的：一首诗首先要读者明白你在说什么。好诗都是相似的，好诗要你读下去，好诗的语言出奇而合理，好诗让你共鸣。一首好诗让我一口气从头读到尾，坏诗读三五行就扔掉了。人的时间和精力是有限的，我干嘛要读一首我没感觉没共鸣写得我都不明白的诗歌？如果一首诗挑战我的理解力，就算了，别麻烦我了，我自认弱智。诗歌不是词语堆砌，而是用最准确的词表达思考、感情、观察。余秀华的诗歌不是让你想半天还不明白好在哪里的诗歌，而是让你一读，就感觉到了，正是艺术作用于我们的方式。余秀华最打动我的就是语言奇妙，思考有深度，感情有力度，观察有自己的角度。

Q3：到目前为止，您跟余秀华还没有联系过，是吗？跟余秀华本人交流，您有兴趣吗？如果当面跟她聊，您希望跟她聊些什么？比如会不会鼓励她继续好好写诗？

喜欢一个人的诗歌，干嘛非要认识她？余秀华的诗歌出色，我很喜欢她的诗歌，但见面不见面，认识不认识，没关系。

见面能聊什么？我不知道。第一次见面的人聊天能聊什么呢？我怎么能鼓励她写诗呢？她是一个优秀的诗人，用不着我鼓励。我是谁啊？去鼓励她？各级领导可以去鼓励她，希望他们带着钱去鼓励，最好是一个大红包，包着很多钱去鼓励，这是真正的鼓励。

Q4：对于您称余秀华为"中国的艾米莉·狄金森"，争议最大。还有很多人认为，将"脑瘫诗人"这个词强调出来，也有博取眼球的效果。您怎么看待这些？

我一直不停地解释我的类比，我认为余秀华和艾米莉·狄肯森的语言都有横空出世般的让人惊异的效果，她们的语言简单，思想有深度，感情有力度。可是看到那么多人惊叫，此刻我突然想，如果我就是认为余秀华是我在阅读中国历史和现代诗歌以来最好的诗人之一，就是认为她的诗歌能跟很多出色的诗人相比，又怎么样？你可以不同意我，但我有保持自己观点的权利。你可以说余秀华写得一般，写得糟糕，你不看她的诗就是了，不买她的诗集就是了。我因为喜爱，也可以说她是天才，又怎么样？艾米莉·狄金森的诗歌出色，余秀华的也出色，我认为好诗都有共性，好诗都必须具备好诗的几个要素，坏诗则各有各的坏，有的是语言坏，有的是思想平庸，有的是感情虚伪……不一而足。为什么有的人一听我拿余秀华跟艾米莉·狄金森比就那么火大？难道艾米莉·狄金森是神？就不能比？真奇怪。

"脑瘫诗人"这个词不准确，因为脑瘫是一种状态，一个人有高血压，可是写诗，你不能说这个人是高血压诗人，一个人有癌症，写诗，你不能定义这个人是癌症诗人，对不对？

"脑瘫诗人"的确有博取眼球的效果，不过我觉得也不必求全责备，因为我觉得第一次用这个词的人也没有坏心，可能这个人对一个

"身体有挑战的人"能写诗感到惊讶、兴奋，他就这么说了。我不知道中国怎样介绍爱尔兰作家克里斯蒂·布朗，他天生脑性麻痹，只能用左脚写字画画，有个电影叫《我的左脚》，很棒的电影，中国人怎么介绍他，左脚作家？瘫痪画家？脑麻痹作家？

我想中国对"身体有挑战的人"的理解在进步，比如过去我们管他们叫"残废"，现在我们知道，他们身体残，但人并没有废，所以，"残废"这个词已经退出，标志我们对这些人理解的进步。后来又叫"残疾"，好像比较中立，但现在我们叫"身体有挑战"或"智力有挑战"的人，不能管这些人叫"傻子"或"白痴"，因为这些词语反映了背后的对这些人的尊严的不尊重。

我对这个很敏感还是我的小外甥女、我妹妹的孩子米芽教育我的。一次我在 skype 上跟我妹妹聊天，我们谈论什么事，我老伴过来插话，就是家里人聊天，我对老伴开玩笑说："走走走，没你的事，你不懂我们说什么，别犯傻（retarded）。"米芽在电脑的那边听到了我说的这个词，跑到电脑前，对我说："姨妈妈，你不能说 retarded 这个词，这个词是对'智力有挑战的人'的不尊重。我们学校刚刚组织我们去跟'智力有挑战的孩子'联欢，他们虽然有唐氏综合征，可不是傻子，他们就是比我们慢而已，就是智力有挑战。"我们听了她的话都大笑，我的小外甥女十二岁，你看，我的小外甥女听到我用的一个词就给我上了一课，这是美国的教育吧。我自然从此非常小心，敏感，但《诗刊》用"脑瘫"也真博得了我的眼球，要不然我也不会看余秀华的诗歌。

Q5：余秀华的走红，有人从中看到了草根走红的所谓"捷径"——微信传播。所以也有一些人开始靠一些草根的标签，比如打工诗人啊，理发师女诗人啊，希望也能像余秀华那样受关注。但是，您认为这是不可复制的。沈老师可否具体再展开说几句？

写诗歌有捷径吗？我想如果一个人的诗歌好，无论做什么工作，这个诗人的诗歌都会被人们喜欢。工作当然会对写诗有影响，但只是影响之一。一个人当然可以写女工的生活，比如诗人郑小琼，她写女工的诗歌写得很出色，我也很喜欢，她也做过女工，你说她是女工诗人也可以，但后来她不做女工了，你怎么定义她呢？我看她的诗歌，也有写的别的题材，也写得很好。还有就是许立志，他也是工人，去年年底自杀而死，是非常出色的诗人，也是天才类的诗人。所以，像余秀华、郑小琼、许立志这样的诗人，他们是诗人，也是工人农民，但他们不是中国在二十世纪五十年代提倡的"农民诗人"或"工人诗人"，特别是余秀华、郑小琼，由于性别，我觉得说她们是女诗人更准确。

Q6：在这场诗歌关注中，您的文章起到很大的发掘和推动作用。我想，您会一直关注余秀华的诗歌和她本人的生活境遇吧。您个人内心对余秀华本人、她的诗歌、她的生活境遇，都有怎样的希望和期待？

余秀华是个女性知识分子——她谈她的日常生活，我听了后，觉得我除了教书外，跟她的差不多。早上她读书，中午给家人做饭，下午上网，打电话给朋友聊天。她跟我这样的女知识分子的日常几乎一样的，当然她的身体没有我们没有挑战的人灵便，但她是一个读书的女性，是个书女，女知识分子。

我希望她的名声能给她带来一个好工作，适合她的工作，比如去个杂志当编辑，她的文字能力那么好，头脑非常清楚，她"脑瘫"（让我们再用这个词一次），可不是"脑残"，她象棋下得那么好，非常聪慧的女性，当个编辑或做专业作者也可以。她身体有挑战，中国残疾人联合会难道不能给她一笔基金，支持她写作生活？偌大的中国，就没有慈善家出来资助她？作家协会的专业作家能不能给她一个名额？她得谋生啊！

我希望她的生活好，继续思考，写作，生活，我相信她也会如此的，我相信不会被名利这样的东西打搅，因为她没有追求过名利。

Q7：您会跟您在美国的学生讲述余秀华的诗歌吗？我在百度百科上看到一则关于您的简介，您看这属实吗？（沈睿，旅美作家、学者，出生于北京，在美国获得比较文学博士学位。现居美国马里兰州安纳波利斯，任教于美国海军学院。《假装浪漫》是她的第一本随笔集。她的新书《荒原上的芭蕾》刚刚出版。）

我不会在我课堂讲授余秀华的诗歌，因为余秀华的诗歌与我教授的课程没有什么关系。我目前在墨好思学院任教，做"中国研究"项目的主任。其实现在我主要教中文和中国文化，项目很小，刚刚开始。墨好思学院是一个传统黑人大学，我们希望能把这个项目变成美国传统黑人大学培养非裔美国孩子的领头项目，为美国培养少数族裔中国专家做准备。

生活细节

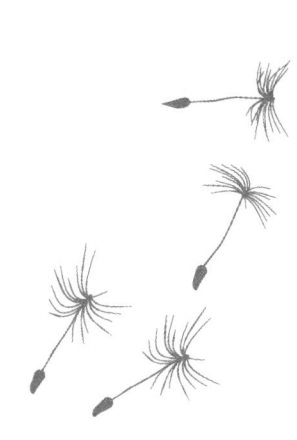

世界各地的饭都好吃

我是一个好吃的人,非常喜欢各种食物,在喜欢食物的程度上,不亚于美食家,但是往往疏懒,不愿自己做,总觉得自己做的东西不够好吃,于是去各种餐馆享受不同的美味。往往有朋友问我最喜欢吃什么国家的食物,我居然答不上来,因为老实说,我什么国家的食物都喜欢,到目前为止还没有一种民族的食物让我不喜欢。

我喜欢日本饭。日本的食物精致,雅致,量小但是精美。吃日本饭的时候我常常觉得自己变成了文明人,细嚼慢咽的,好像在品味,而不是解饥。我很喜欢日本的寿司,百吃不厌,每到寿司馆子——日本式的寿司馆子往往是大师傅站在中间做寿司,顾客可以围着他坐下来,观看他做。

我喜欢坐在木头板凳上，看大师傅做寿司，喝着清澈苦涩的日本茶，好像看艺术表演。大师傅往往穿着深蓝色的围裙，围裙上有日本式的汉字，额上裹着一个包头发的带子，好像是从古代走出来的。日本男人常有一种凌然的男性气质，连厨师也带着那种风度，让我赏心悦目。加上日本餐馆装饰雅致，有气氛，最好是和一个好朋友一起去，两个人边聊天，边看大师傅的表演，边品尝各种鲜美无比的寿司，享受一个安静得几乎是诗意的晚餐。

我喜欢法国饭，因为开胃的法式面包和法国的果酱配在一起，真是其他开胃面包不能比的。美国餐馆一坐下来，侍者就会摆上面包和黄油果酱作开胃的第一道小吃。好的餐馆，面包可能是自己做的，热乎乎的，抹上黄油或果酱，味道不错。但是法国餐馆的面包和果酱常常出人意外地新鲜美味，我往往只吃面包果酱就已经饱了。法式食品的特点是新鲜，一次在加拿大的魁北克市，老伴吃到了据他说是最新鲜的鹿肉。

意大利饭馆在美国遍地都有，通常也不贵，是我们的日常食物。我喜欢意式饺子，里面的馅自然跟中国饺子馅不同，但是蟹肉、虾肉或各种奶酪馅的意式饺子，浇上奶油汁，味道很圆润，饱满，鲜美。各种意式面条和名目繁多的比萨饼，好吃不好吃还是要看里面的调料和制作方式。我喜欢面条，也爱吃比萨。有的时候我会觉得比萨饼过于油腻，不过这要看是哪家餐馆的比萨饼了。

墨西哥饭随着大量的墨西哥移民的涌入，越来越成为日常食物的一部分。墨西哥饭以豆子、米饭、奶酪和薄饼为主，菜蔬则以辣椒、生菜、西红柿为主，味道很朴实，我称之为农民饭，吃起来好像就是农家的饭，解饱，很踏实。餐馆里通常给的量很大，往往吃不了，还要带回家。夏天的时候我喜欢喝墨西哥式的鸡尾酒，特别是芒果汁兑的酒加冰，一大杯，喝得快了，冰就镇得头都疼起来，还是好喝。

希腊饭里少不了的是橄榄和一种叫"非塔"的奶酪。橄榄有各种形状和味道的，非塔奶酪看起来像碎豆腐。把非塔奶酪裹在薄如纸的面饼上，在橄榄油里炸一下，是很好的开胃菜。把芦荟放在托盘里，浇上橄榄油，放在烤箱里几分钟，等芦荟有些烧焦，吃起来别有一番美味。希腊饭的特点是蔬菜多，即使放很多橄榄油，也不觉得油腻。毕竟，橄榄油是唯一的对健康没有坏处的油。

印度饭的味道强烈，色彩鲜艳，橘黄的，草绿的，颜色奇怪，吃起来却余香满口。印度的调料味道都很浓很冲，连食品都透着无比的热情和浓郁的色彩，难怪印度妇女经常穿大橘红大碧绿的沙丽，浓妆艳抹的，大概与食品有关。印度人也吃烙饼，与我们的烙饼很相像，把橘黄的辣香的咖哩鸡肉卷在里面，或把烙饼掰碎，放在色彩鲜艳的菜里蘸着吃，也好吃。母亲几年前来我这里玩，我带她去波士顿一家印度餐馆，吃好了饭，她说："印度饭真难吃，吃了一堆颜色，也不知道吃的是什么。"说得我和儿子大笑。

与印度饭相近的是泰国饭。我因为实在喜欢泰国饭，在家里做饭的时候，常常试泰国的菜谱。我手里有一本菜谱，是一个朋友在泰国生活时买的，后来他知道我喜欢泰国菜，把菜谱送给了我，我就拿来照着做。泰国的咖喱与印度咖喱不太一样，颜色比较深，味道似乎更香。泰国饭属于东方的饭，豆腐炸成豆炮，蘸在花生酱、酱油调成的调料里，特殊的美味。

美国是没有美国饭的，聊以算数的可以说是牛排和土豆泥。牛排自然非常鲜美，肉要好，要新鲜，烤的时间不能长，一般一面烤得不能超过八分钟，不然就老了，不好吃了。美国的肉食者没有不爱吃牛排的。我自己的经验是牛排必须吃带血的，两面烤得有点焦，里面还是红肉血丝才恰好。牛肉一烤熟，就变老，所以吃牛排要吃嫩的。牛排这种东西，第一次吃可能会不习惯，特别是对中国人来说，我们不太习惯这种烤生肉。我第一次吃的时候，觉得一点也不好吃。后来吃多了，就尝出味道来。土豆是怎么做都好吃的，土豆泥也许是我最喜欢吃的日常食品之一。

至于古巴饭中的柠檬味道，中东饭中的小米加牛肉汤，俄国饭中的鱼子酱，西班牙的各种各样的小吃，啊，都使我喜欢不已。每次回到中国，我就大吃大喝，中国的饭也是那么好吃，说来说去，我还是一个什么都喜欢吃的人。

不过在美国你千万别去中餐馆，首先是菜难吃，油腻腻的，要颜色没颜色，要味道没味道。其次是美国的中餐馆看着都土气，装饰基本只有两种，一种是花里胡哨，俗不可耐，光亮鉴人，毫无趣味，好像中国人只知道大红配大绿，大俗却没有大雅；另一种是脏兮兮的，油腻腻的,透着非洁净的懒惰与下层。一次葛底茨堡学院的教务长问我,为什么美国的中国餐馆显得层次那么低,我说:"开餐馆的不少是偷渡过来的非法移民,他们在中国过着贫穷的日子,为谋生来这里开餐馆。餐馆是文化,你怎么能期待没有文化的贫困的人制造幽雅的环境和奢侈的美味呢?"他点头称是。

扔！

随着年龄的增长，我对生活中的物质越来越感到厌烦，越来越燃烧着要扔掉一切不必要的东西的欲望。这种欲望在我心底如开水一样沸腾着，让我看家里的很多东西都是多余，特别是我自己的东西。那么多衣服，从来都不穿了，却还放在那里，挂在壁橱里，好像等待哪天我神经发作去穿它们。殊不知年龄改变了我的趣味，我对那种衣服，那类样式已经毫不感兴趣，恐怕这辈子也不会再穿。那么多双鞋，那些只穿过一两次的高跟的东西，却站在鞋架子上，好像等待哪一天能跟我出门。我能再穿这样的鞋出门吗？简直是可笑。

这几天回到西部的家，我翻箱倒柜，把壁橱、箱子什么的都统统翻了一遍，到昨天为止，扔出去的东西有连衣裙十五件、短裙七条、裤子九条、T恤衬衫等无数件。鞋我只保留了三双，其余的十四五双鞋，以及凡是不再穿的衣服，那些我以前保留起来等什么时候再穿的东西都放在大垃圾袋子里，开车到救世军店里，统统都捐献了。那个接受我捐献的大胡子男人，看我的东西说："这些衣服还很好呢。"我说："但愿有人这么想，能穿这些东西。我这辈子也不会再穿这些东西了。"我甚至把那些从中国买来的毫无用处的装饰品什么的，也都捐献了。老伴的中式衣服，他穿起来好像一个大木偶，难看极了，真不知当时买这样的东西做什么。儿子的T恤衫、牛仔裤，放在那里多年，我也都一并给了救世军。

　　同样的逻辑，我整理厨房的壁橱和储藏间，发现那么多食品都长了飞虫，那么多调料，只有我知道那些调料有什么用，可我又从来不用。这个家我一年只生活两三个月，那些调料常年在壁橱里，都变了味了，谁也不会再用。厨具，家里用上的也就那么几种，干吗要留着它们占地方呢？我把凡是不能再吃和用的东西，包括很多厨房用具，凡是用不上的，都整理出来装在车上，再开到救世军店里，把厨具都捐献了。继续开车到城内的卫生局，把可以回收的瓶瓶罐罐一一放在那里不同的大回收箱子里，把不能回收的垃圾，用尽了全身的力气，扔到高过我的垃圾箱里。拍拍手，我觉得轻松了。

　　扔是什么样的一种欲望？为什么近年来这种欲望在我的心中越来越强烈？

也许因为我的流浪的生活，让我养成了不要很多东西的习惯？多年来我一直流浪，先在缅因州住了两年，搬了两个房子；后在宾州的葛底茨堡住了三年，搬了三处房子；现在我住在马里兰州，住在我的靠河的房子里不到一年。搬家是我生活的一部分，我流浪在这个国家里，也享受流浪的生活。一次儿子问我："妈妈你总是搬家，你怎么感觉的？"我想了想，搬家让我轻装，也让我体验不同的美国。要不是我在各地住过，我怎么能更深地知道这个文化和社会？我喜欢搬家，到各地住，人生就是经验。儿子听了不语。我没有说的是，流浪的生活让我的生活极为简单，不能有很多东西，这成全了我对生活的理想。

也许是因为人到中年，我越来越感到物质是人生的一种负担。比如买房子。人人都说我该买一所房子，我有时也这样想，可是仔细一想，我又不想买了。我租的房子不是很舒服吗？如果我搬家，我都不需要多想，就搬走了。可是如果我买了房子，我就要担心付贷款等等问题，一想这些问题，我的头就大了，生活变得太沉重，我受不了。于是，买房子就变成一种口头的练习，说说而已。我的东西也是如此。我基本上是不保存东西的人。几天前朋友送我一对真丝的靠垫套，深蓝色的，绣着金色的图案，很好看。我说不要给我，你给别人吧。他说是小纪念品。我那时正在自己的卧室里整理东西，就大声地回答在起居室里的他，说："我的生活，是斯巴达式的，这样的精品不适合我。"我听到他自己重复"斯巴达式的生活"几个字，也许目睹我的生活，他真的看到了我另一面，那就是我的斯巴达式的简单的生活。

也许还是因为生活在一个物质欲望膨胀的社会里，我日益增长的逆反心理。无论是中国还是美国，我都看到人群在商店里买东西，中国的商场里真是丰富而多彩，美国的东西也差不多。上个月在上海的南京路，那里人头攒动，人挤人的，我一看就心烦起来，头都要炸了。回到美国，我一看到商店都觉得害怕，不想进，好像是屠宰场。这种对东西的厌倦肯定与我的逆反心理有关。在物质丰富的世界里，我怕被淹没，怕负担，怕人生走起来太重。

扔——成为我生活的哲学。最近我一直在读D. H. 劳伦斯的小说。这位伟大的英国作家对"迫使所有人类的能量进入得到更多东西的竞争的基础"极为厌恶。拥有东西，他认为，"是精神的疾病"。我不知我是否受到他的影响，也许是吧。

老伴看到我天天忙着捐献东西，往救世军店运我们家一切不用的东西，半个房子都显得空了，问，这是否是你要离开这个家的理由？你大概连我和你都要扔掉了，你要把我和你自己都扔到哪里去呢？

两年搬了五次家

来美只两年，统共已搬过五次家。这种频度是否隐喻了漂流的生活？有时不禁想，生活的本质虽然在哪都相似，然而，在美国，我没有家，过的是流浪生活。

刚来的时候，一下子就搬住在城南山上。房东是一位退休的建筑师，他的妻子在我搬来之前一个月去世，他悲伤过度，决定去欧洲旅行。他要我看房子，少收我一半房租。我当时真庆幸自己的幸运。

这幢白色的洋房坐落在半山坡上，三面是茂密的树林，眼前是一片开阔的草地。那时正是九月，鲜花盛开，秋草碧绿，我一看就喜欢了。海洋气候的小城市，只有夏天草才金黄，其他三季，草总是绿得令人心醉。这幢房子，就像童话似的，向我打开了洁白的大门。

我搬进来了，手里提着挎包，两个沉甸甸的手提箱跟在我身后，进了我的卧室。这就是我的第一处"家"吗？我想。我环顾这房间：墙上的画展示了主人的漫游之旅。显然房东见过大世面，布拉格的风景，罗马的习俗，都是写生画。趴到近前看看署名，原来都是房东的手笔。我又穿过门廊，走到起居室，看到墙上挂的是"红楼梦"四联屏工笔画，台几上摆的是康熙十四年的大青花瓶，不禁惊呆了几分钟，好像自己走进了一位中国乡绅的堂屋。房东解释说，他的祖父和祖母在上个世纪去中国传教，在中国住了近四十年。三十年代中日战争爆发，才举家来美。

我惊异那套"红楼梦"，猜想是某个名家之作。不久，当我们熟悉了一些后，我开玩笑地对他说，你的这些传家宝都是帝国主义掠夺中国的见证。他却诚恳地点点头，很同意我的意见。房东很快就去欧洲了，从此，我一个人住在这幢房子里，每天骑着我刚买的自行车，穿过翠绿的山谷，上学放学。

然而，一个人住在这里，左右邻居是房子遥遥相望，人却老死不相往来，搬来了一个月，从没见过邻居。与我为伴的只有山中的麋鹿。它们常常从后院穿过，张着聪明的大眼睛望着我。我用中文和它们交谈，它们则流连后院分担我的孤独。

看电视的时候，杀死自己两个儿子的苏珊·史密斯在电视上声泪俱下地谎称她的儿子被一个黑人掳走，霎时，举国上下，九天九夜的大寻踪唬得刚到美国的我门户紧闭，真怕什么人闯进来。我禁不住问自己：我是疗养来了，是关禁闭来了，还是学习来了？得接触"生活"啊。我决定搬家了，一是找一处离学校近一点的地方，住在这里，每天上下学单程要四十分钟，太远了，加上又要爬山，回家就累得瘫在床上。二是我希望能有机会说英语，练习英语，不然，在学校我每天教书教中文，学生们都跟我练习中文，结果我一点也不觉得我是在美国，好像不但英文没进步，中文还退步了，因为教的都是a、o、e、i、u、ü。

虽然我很喜欢这里：优美的环境，静寂的日子。但是，正像来这儿玩的中国同学感慨的，这里不是真正的美国，这是特权阶级的居住区，你要想理解美国，得去山下。

两个多月后，我下山了，搬进了离学校不远的梦露街上的一幢棕色的房子里。这次，我的房东是个女士。五十来岁，个子高高的，人瘦瘦的，脸长长的，戴着一副眼镜，挺文雅，很亲切，很礼貌。我的房间在楼下，她的房间在楼上。她白天在政府机关上班，平时总是一个人，很希望有个室友，分担下班后的孤独和寂寞。我正想练习英文，就高高兴兴地搬了进来。搬进来之后意识到，我的"生活水平"直线下降，房间里有个五斗柜，一看好像是我奶奶时代用的，破得倚在墙上，随时要摔一个跟头散架。上头的镜子更是饱经沧桑，照一眼唬一跳，脸先被挤成扁瘪，退后一步再看，脸又被拉长，这下，用不着去中山公园交钱，房间里就看上了哈哈镜。

好在那个书架，一眼望去，便让我顿生诗意。两条木板，二十来块砖，码在墙边，即兴而素朴。一盏没有灯罩的灯挂在侧旁，昏黄的光线使我幻觉自己是在伦敦的小阁楼里，上一个世纪的艺术家似的贫穷浪漫了我，让我安顿下来。

我的床窄窄的，像个儿童床。桌子摇摇晃晃，椅子叽叽直响。一面大窗迎向花园，我躺在床上，看灰色的天空，听着连绵的雨，体验孤独而贫穷的滋味。

说英文的机会多了，每天下班后，女房东就敲门拉我出来，谈个不停。开始时，我很好奇，就听她说。时间一长，加上又到期末了，我忙得要死，就想退避三舍，专心读书。但女房东很孜孜不倦，我总是被从房间中拉出，听她谈话。

有一次，她的朋友们来了，她又敲门不停，无奈，只好出来，见昏暗的灯光下，起居室的桌子旁围了一圈人。我被让进他们中间，坐下。环看一周，我忽然觉得时空倒转起来，满眼的人都像是从狄更斯笔下的小说中走出来的，个个散发着雾都孤儿时代的霉味。

三位女士胖的胖、瘦的瘦，全穿高领的布裙子，颜色不明地昏成黑灰一片。一位有丈夫，坐在她身边，她胖得是宰相肚子能撑船，她的先生则是饥寒交迫的奴隶一般瘦得惨不忍睹。男士们更是险处不需看。他们大谈那天的故事，争先恐后地诉说他们的激动经历。原来，他们立意返璞归真，去农田劳动，体验自己种粮自己吃的乐趣。

对他们来说，这种经历，激动而意义深长。对我来说，好像文化革命的阴影飞来，年代错误之感骤升于心，不知今夕何时。这批人都是六十年代的青年，如今进入老境，当年革命热情不减，把农田生活浪漫化，在我面前，既有他们的骄傲，也有炫耀。特别是我是第三世界来的女人，在他们看来，他们的浪漫是我的天堂。而我，曾经沧海难为水，什么也不眼热，追忆逝水一样，后悔该留在山上，享受一个人的不孤独。

女房东的生活似照相簿中发黄的相片。她给我看照片的时候，我惊奇地发现她也曾那么美过。她英美文学硕士毕业后，三十多才结婚，结婚一年后离婚，从此孤身一人。她在民权运动中去了密西西比河与黑人同吃同住同劳动。反越战时去了华盛顿，参加大游行。八十年代初又去了印度，领养了一个已十二岁的被遗弃的孩子来美国。这个似乎为理想主义战斗了一生的人，如今，印度女儿与她不合，根本不回来，她却在家中挂满了印度穷人的照片。那些印度人躺在街头，赤身裸体，瘦骨嶙峋。难怪我刚来时觉得好生奇怪，谁家把这种照片挂在房中欣赏个没完啊。后来，她解释说是为了提醒她女儿别忘了自己的民族传统。我听了此话，一方面明白了，一方面也糊涂了。她到底是提醒女儿那个民族传统呢，还是提醒她的卑贱的出身？她的恩宠态度有时也落实到我的头上，叫我听她朋友的谈话就是一种。名义上是关心我别一个人呆在屋中太孤单，实际上，我敏感地觉得是炫耀她的热爱被压迫人民的热情，反过来，映衬她既政治上正确，又精神上优越。

圣诞节前夜,她拉我帮她包装礼物,她的房间里摆满了大包小包。我被强拉着干活,她滔滔不绝地告诉我这是她特地为南面的邻居买的,因为他们太穷了,他们没有房子,租住在南面的公寓,他们孩子又多,"我猜他们买不起礼物"。

她买的东西都是从救世军捐献店买的破烂货。我一边包,一边想,女房东的动机到底是什么?第二天早晨,她打开她得到的礼物,其中有我送她的一串珍珠项链。我打开我得到的,她送了我一块小香皂。

在她的家里,我理解了我正在学习的后殖民主义理论。她总是用最友好的腔调表示对我这个贫穷的中国女人的同情,实际上是在我这儿找优越感。只有别人的贫穷才让她觉得自己的富有,从而莫名其妙地满足。当她发现她的优越感无处可找的时候,她就本相毕露了。

新年一过,她收到电费单就抱怨说电费太高了,我说这是冬天,电费自然会高得多。她想了想,然后对我说,你不要天天洗澡,这样可以省电钱。接着又说:"反正在你们中国,你们没有洗澡设备,你们也不天天洗澡,你是习惯的。"我一听,气得差点没憋过去。冷冷地回答说我付了房租水电费。如果她需要,我可再多给两块钱,算洗澡费。

我在这里住够了。我决定住公寓了,自己一个人,关起门来成一统,再不体验什么美国普通人的生活了。这次搬家,我搬到了一所有两个卧室的公寓里。厨房起居室都很大,我的窗外就是树林,大落地长窗迎着早晨的阳光。从此,我开始了女生宿舍式的生活。

我们这个单元,除了我和我的室友日本女孩洋子之外,还有树林中的松鼠、浣熊、小鸟及一只野猫。

我刚搬来时,还没有找到室友,春天来临,我常常打开门,看落英缤纷,看小鸟扑食。一天,这只猫就平平常常地走进了我的视野。这是一只灰黄色的猫,有四只白白的脚爪,在门前喵喵地叫着。我起身为它拿了一小节香肠。吃完后,它就走了。以后,它时而来,时而消失。每次来时,我都给它一点点东西吃。它是我生活中微不足道的一部分。

1995年夏天我回中国看望家人。在北京的一个月飞也似的过去,转眼我又回来。下飞机之后,原说好来接我的人没来,我呆在机场,怔怔地,从家到这里,不过十几小时,这里,没有人等待我,也似乎没有人需要我。

我是那么孤单,想家。终于回到我的公寓,我掏出钥匙,推开门,一股潮气扑来。家又是这么清冷。突然,就在我进家门的那一刻,那只猫来了,它几乎是扑了过来,欢叫着,扑到我的脚边。我愣在那里,眼泪夺眶而出。这是唯一的欢迎,也是最真挚的欢迎。

它在我的裤脚上蹭来蹭去,跟着我进了屋,跟着我进了卧室,又跟着我进了厨房。它喵喵地叫着,好像说,这么久,你去哪了?缠绵地在我脚边很久,它索性坐在起居室中,看我收拾东西。我一生从没有看过猫表达自己的感情，几乎不能相信这一切是真的。

转眼间冬天来临，松鼠仍然在树上，鸟儿也在树上。一个雨夜，忽听人敲门。我和洋子很惊异，想不出深夜是谁敲门。我们打开门，见是一位三十来岁的男人，手里拿着一袋胡萝卜。他瘦瘦的，高高的，头发被雨水淋得贴在额际。

他自我介绍说，他也是我们学校的学生，是加拿大人，马上要毕业了。他今天到此来的目的是问我们能否接替他的工作——喂食物给附近的小动物。他告诉我们，他已经喂动物好几年了，就在我们窗外的树林里。冬天的时候，有一种熊会来。这种动物，不会找食物，需要人们放食物给它们，才能过冬。

我们很惊讶，他便带着我们去看那个放食物的地方。离我们的窗子不过二十米远，在一丛深灌木后。他每天都和他妻子一起来，放一磅胡萝卜，或其他什么。因为他就要毕业回加拿大去了，他的妻子在准备行装没来。我们很感动，一口答应一定喂动物。

第二天晚上，他又来了。这次，手里拿着一大袋萝卜，肩上还扛着一大袋葵花籽。他说，葵花籽是为松鼠准备的。萝卜有五磅，大概够熊吃一个星期。葵花籽有二十磅，够松鼠吃很长时间。他要我们答应，萝卜吃完后，我们一定去买新的。他仔仔细细地叮嘱我们，一遍又一遍，让我觉得很异常。

我忽然想起了加拿大作家玛格丽特·阿特伍德的小说。她的小说经常描写人们的孤独，人们只能与动物交流。也许，冰天雪地的加拿大，动物比人还多吧。

第三天夜里，他又来了。他来最后一次叮嘱我们，千万千万别忘掉我们的诺言。说着说着他的泪水流了下来。他很舍不得那些动物，很担心没有了他，它们会饿死。

我几乎是震惊地看着他，不能明白一个人怎么会对野生动物有这么深刻的感情。与他相比，我自惭像个野蛮人，天天住在这里，我不太注意什么小动物。他说他曾是个小学的校长，住在加拿大内地的一个省份。他教育孩子们热爱动物，"我们不关心其他动物，也就是不关心我们自己。因为只有人类可以帮助其他动物，也可能杀害其他动物。"他在那里絮絮叨叨。我一方面感动，一方面觉得可怕。当我们人类之间无法交流时，是不是只能和动物交流呢？

他走后，我对邻近的动物有了意识。我注意到各种颜色的松鼠，不同种类的鸟群，不过我从来都没看见过熊。我甚至怀疑那种熊是那个加拿大人的想象。他走后，我们继续买萝卜给熊，葵花籽直到我再一次搬家还没撒完呢。

我的儿子来了。他看见窗外的树林，林子里的松鼠、鸟群，很快乐。特别是一场突如其来的大雪染白了所有的世界，更惊喜交集。

不久，我们的公寓等下来了，我们又搬家了。我和儿子两个人，建起了我们在美国的家。地毯是从洗衣房捡来的，铺满了起居室。窗帘也是捡来的，拉在我们的落地大窗前，漂亮得像在电影里。三块钱我买来了一个书架，十五块钱买来了一张办公台。我们的家干净，漂亮，两个人自我欣赏得要命。夏天，就在我们的凉台上乘凉，伸手就摸到玉兰花。

秋天的时候，因工作的关系，我们又得搬家了，地点从学生区移至居民住宅区。左邻右舍都是所谓的蓝领阶级——工人阶级。家家户户都是独立的一幢房，不会大到哪里去，一般是三四间卧室的房子。我们的住房是灰色的，三间卧室，一间起居室。有汽车间，也有洗衣间，还有很大的后花园。房子前是两棵大松树。

搬到这里来后，我们似乎插队进了市民队伍，体验上了普通人的日子——与世隔绝。因为一家一户，结果就是自绝于人。孩子天天上学，我也天天上学，只有丈夫一个人天天坐在厨房里的桌前看书。

搬来已经半年了，实话说，邻居谁也不认识。我只看见邻居家的男人，天天整理他家的花园。他家似乎有很多孩子，至少四五个吧。孩子们玩篮球的笑声偶尔传来，增加一点生活的气氛。我也不知道我会在这里住多久。常常，我坐在凉亭里，望着微风中的花园，不知今夕何时，不知明天我们又搬到哪儿去。

流浪的日子，像这冬天的雨一样，连绵地是不可测知的未来。

岸岸在美国上中学

1994年我离开北京赴美留学的时候,儿子岸岸正开始他的小学六年级生活。这年初,我们的家刚刚从西单搬到了南三环边上。孩子的学校还在西单,上下学的交通立刻成了大问题。他每天要六点起床,搭汽车,转汽车,在七点四十之前赶到学校。下午要经过同样的程序回到家。我离开之前,心中极其矛盾:孩子正在面临最重要的阶段——升中学。我知道这一去,不知多少年我和儿子才能再见,也不知儿子没有母亲的天天呵护,学习、生活会怎么样,能不能如所期望的那样,升入好的中学。儿子呢,真是天真少年不知愁,在他的小手的挥动中,我穿出了机场的绿色通道。

我在国外的最初一年，由于想念和担心他，常常睡不着觉。有时我会突然感到害怕，怕交通事故，怕孩子迷路没回家，怕陌生人把十一岁的儿子劫走。这种恐惧使我精神紧张。结果，一年的课一结束，我就立刻打道回北京，看儿子。果然如我所料，以聪明著称的孩子没有升入一级甚至二级的重点中学。这个在我的"玩好长好第一"的原则下一点一点正长大的孩子，没有很强的竞争概念，也不知道他升中学的考试会决定他一辈子的前程。玩玩乐乐的岸岸去了一个很普通的学校。

我去他的新学校为他开家长会。家长会开在国家教委的礼堂。当礼堂的两层楼坐满了家长，巨大的扩音器把讲话的声音无限扩张，我感到自己像个士兵，被逼着要上战场。从讲话者的叮咛和嘱托中，我作为家长，似乎从现在开始就要与孩子一起，奋斗，拼搏，为考高中和大学而分秒地斗争。我想到儿子要这样学三年，心中一片惝然。

五个月后，我在俄勒冈州的雨津机场接到儿子。他来到美国，来这里上中学。我知道我们别无选择。岸岸是个聪明但是不甚专心的孩子。他看杂书成，他做作业太马虎；他喜欢胡思乱想，他不会一坐几个小时；他最擅长的是玩玩具汽车和游戏机，只有玩游戏机他才可能专注一两个钟头。这样的孩子，恐怕没有希望通过严格的考试。我知道他这种性格，恐怕连上大学的可能都微茫。虽然很多人都说，国内的中学教育严格，质量高等等，我还是决定，让孩子来美国吧，跟妈妈过留学生的日子。我很担心，岸岸会在国内的严酷学习中，由于学习习惯的不一样，丧失他的自信。俗话说人和人不一样，国内是要人人一样，中学生连日常服装都整齐划一。而岸岸，是外部整齐内部出格的散散漫漫的孩子。

他来的前两个星期，我到本市的罗斯福中学找到了学校的学生指导，询问入学的种种手续。入学的手续很简单，我只要填一个表就行了。学生指导把表递给我，表只有一页，也就是姓名住址等等。我几分钟就填完了。看到我的职业栏是学生，学生指导说："那么，您的儿子会在学校享受免费的早午餐。"我好像没明白他的意思，忍不住请他重复说了一遍。他说："是啊，在他刚来的时候，我还要给他安排一个翻译。"他说着，记了个备忘笔记。我们交谈着，手续办完了，前后不到半个小时，这其中还包括与其他几位老师讨论给儿子取个英文的新名字，因为岸岸这个名字在英文中有点不太合适。

岸岸是星期五下午到家的。他站在我们的公寓前，被我们门口的树林和松鼠迷住了。还是冬天，树林里青草碧绿，树是光秃秃的，松鼠成群地在门口玩。岸岸看呆了。我告诉他，夜晚浣熊会来吃东西。于是，快乐的岸岸又惊又喜地拿着红萝卜，把萝卜放到浣熊会来的地方。他弯着腰，仔细地查看浣熊可能来的小路，好像回到了幼儿时代。他是那么快乐，在外面看松鼠，用葵花子喂它们，喂与松鼠争食的小鸟，第二天早上又急急地跑到放红萝卜的地方，查看浣熊到底来了没有。他兴高采烈地立刻跟动物打成一片了，忘记了他的神圣使命——上学。

星期一，岸岸被我带到学校去了。他有点胆怯，走在我的身后，小心地尾随我。我到了办公室，一会儿，来了一个中国小孩。她来美国已经快十年了，她今天是岸岸的翻译。以后的两个星期，岸岸天天有个翻译。我问他每天学了什么，他糊里糊涂地不知道，反正是听不懂。但是乖乖的岸岸知道乖乖地上学，天天都去。他是高高兴兴的，一副不发愁的样子。不久，春假到了。紧接着，新学期开始了。放假前，岸岸拿回家一叠报纸似的下学期课程简介。他是看不懂的，让我读。我也不明白这到底说的是什么，虽说我念得懂。我询问我的有孩子的朋友们。我的好朋友詹妮芙不明白我怎么能不懂课程简介，这是跟我们大学学习一样啊。她说："他们要选择他们感兴趣的课程。你应该跟岸岸商量，他想学什么，就学什么。"

我恍然大悟。集我近四十年在中国学习生活之经验，我从未想到过中学的课程是可以任选的，孩子是可以学习他想学和要学的东西的。我想到我自己的经验。刚来美国的头一个学期，我居然不懂什么是选课和买书！我以为我所属的系早就规定了我该选什么课，就像在中国一样，我只要照着他们规定的去做就行。后来我才明白，学什么，选什么课，全由自己决定。那场选课大战，至今记忆犹新，我怎么会没想到中学也是一样的呢？

中国的中学课程规定得很严格。我不知道除了数理化地历政语文外语外带美术体育音乐外，中学生们还学什么。我问儿子。他说："道德课。"我很惊异，不知在道德课上他学什么。他说我们老师讲很多，我听不懂。不过，这个我早就知道。我苦笑。于是我们埋头把课程简介在一起读一遍。原来，他们中学这个学期开了大约三十多门课，每个学生一个学期可以选八门课。既要根据学生的兴趣，也要根据学校对每个学生整个中学阶段的课程的要求来平衡。比如，学校早已为每个学生规定了四年的中学科学要学多少学分，社会科学要多少学分，人文学要多少学分，体育、艺术、音乐等要多少学分，还有烹饪修自行车等实际技能课多少学分。在这个学分规定范围内，每个学生自己决定在科学内是学生物还是学数学，是学计算机还是学化学等等，完全看孩子的兴趣。岸岸刚来，不必考虑学校的总要求。于是我们就选了西方艺术史，人头肖像，法语，羽毛球，代数，阅读，小提琴等看起来很有意思的八门课。我心中清楚，孩子刚来不到一个月，不能选很多分量重的课。要让他适应学校和这里，还需要时间。我们把选好的课填在一张表上，岸岸得拿给他的指导看，他的指导给我打了电话，同意他所选的课。

新学期开始了。过了几天，岸岸发现他没有"同学"。他还告诉我："我没有教室，但是我有一个房子。"我又是不明白了，怎么回事？我到学校一问，才明白。由于孩子们选不同的课，他们没有固定的教室。像大学生一样，他们下了一门课，就要换一个教室去上另外的课。一下课，孩子们就要立刻站起来，到别的教室去，同时他们也活动了身体。但是，午休时或下午放学后，他们可以到他们的"房子"去，见他们的指导，和其他同年级的孩子玩。岸岸的房子正好是在图书馆。

他的指导是图书馆的馆长，有六十多岁了，告诉我她的丈夫是我们大学的英文系的教授。我们似乎近了一层。我又进一步明白，所谓的"房子"，就如同一个班，但又不是中国意义的班，因为孩子们不选同样的课。但"房子"为他们提供空间，在一起交流接触，认识朋友。他们的指导相当于班主任，除了不教课外，指导负责和家长联系，开家长会时我们第一见的人就是指导，然后才是各科老师。岸岸的"房子"里一共有二十多个孩子，下了课，岸岸在这里和其他学生下象棋，一起玩。有的时候，指导还给他们买冰淇淋吃。

除了没有通常意义的"同学"外，最让我吃惊的是，他们是不许带课本回家的。课本是免费的，上课时，老师发给他们，下课时，老师收回。不必上学回家都背着大书包。作业，却是不简单。

有一个学期，他所选的课要求学生们实习。每个学生都要到社会中去，确定一种职业，找到一个导师，由导师授课，带领他们学习这种职业的真正的操作。岸岸在给我解释这门课的时候，我说，这真是中国的文化革命传统大发扬，你们也要开门办学呀。学校的通知说这是为了让孩子们对真实的社会和职业有了解，也是给孩子一个机会，试试他们的志向。岸岸一心想将来当律师挣大钱，于是他选了律师这个职业。

他每天上午都要到律师事务所去观察律师们的工作。他的导师经常带他到法庭去观摩律师是怎样辩论和法庭是怎样工作的。律师们讨论案件时岸岸也旁听，有的时候，他们还让岸岸跟他们一起对某个案子做研究和调查。岸岸就这样，跟着导师，观察学习律师的工作。有一天，我正在办公室，正是课间休息的时间，我匆匆忙忙地喝点水又去教下一节课。电话响了，是岸岸，从律师事务所打来的，"妈妈，我打电话告诉你，我决定不当律师了。我决定长大了当漫画家。"我觉得好笑，这么"大"的决定，恐怕我们应该以后再讨论，此刻太匆忙，无法决定我们的一生。我知道岸岸过去只听说了律师的薪水，看见律师在电影里的风采，没实际经历律师的辛苦，如今天天跟着律师，明白自己的兴趣所在不是律师也。

课程结束时，每个学生都要做报告。我参加了岸岸的报告会，他的导师也去了。那天做报告的还有其他五六个学生，有的孩子学习买卖房地产，有的学习建筑设计，还有一个将来想拥有一家小快餐店，所以他在一个餐馆实习。他们讲完之后，听众要提问，最后还要问一个人人必须回答的问题：你愿意不愿意将来就干这行。轮到岸岸上台时，我的心里紧张得蹦蹦直跳，我担心他的英文表达不行。出乎意料，岸岸讲得条理清楚，表达流利，还时不时来点小幽默。只是到最后，当问他最后的问题时，他说："通过实习，我知道律师挣钱不太多，也很难挣。再说，办一个案子也很麻烦，我决定不当律师了。"学生老师家长们一听，哄笑成一片。我回头看了看岸岸的导师，他也大笑起来。这孩子，也真是的，完全不懂要用点策略装潢门面，倒是实话实说，还是一派天真。

岸岸很喜欢绘画课，因为他画得很不错。他十分擅长肖像，几笔就能勾勒出一个人的神态形貌，有时到了神奇的地步。于是，他的画总是被展览，被老师留下来作样品。岸岸信心大增，扬言以后他就到纽约的大街上画肖像画为生，在家里也勤奋作起画来，我们人人都是他的模特，他兴致一来，我们就要坐好，供他临摹。假期结束前，我在他的学校的画廊里看到他的画，他很是得意。

就这样，在这个中学，岸岸学了四个学期，中学就要毕业了。

中学毕业典礼的那天，我因为忙，没有去开会。岸岸坐公共汽车回家。我从窗子里看见他跳下汽车，急急地往家跑，就去为他开门。他兴奋地大叫着："妈妈，我得了奖！"手里举着两张烫金的证书。我又兴奋又惊异，接过来一看，原来他由于学习成绩优异，得到了总统奖，奖状上还有克林顿总统的亲笔签名。只有最后一年的学习成绩95％是A的学生才能获奖，也就是说，在三个学期的二十四门课中，低于A的成绩不能多于两门。今年的毕业生中，有差不多五分之一的孩子得到了奖。

岸岸得到了奖，对我们俩都是惊喜。因为这么多年在国内，他就没当上过三好学生。不是因为上课说话纪律差，就是因为什么事，学习的成绩再好，反正不是三好。而在这里，他从语言学起，学得认真，也学得努力，立竿见影，居然当上了美式"三好生"，他受到了很大的鼓励。一年的时间，孩子的自信在增长：只要你努力，在这个新的国家，岸岸，你就能成功。

中学毕业了，岸岸要升高中了。

一见钟情

我的同事,八十七岁的托马森教授与他的妻子可以说一见钟情。我们人人都知道他是怎样求婚的——正是美国开始介入二次大战的1942年冬天,他是海军陆战队士兵,就要去打仗了,祖国将留在身后了。他要好好地玩,好好地享受这些快乐的时光。他走进一个酒吧,看见一个女孩子站在那里跟别人说话。他一直不停地看这个女孩子,被这个女孩子惊呆了。他与别人说话,喝酒,可是目光一直都在那个女孩子的身上。那个女孩子的笑容、身姿都让他着迷不已。一个声音在他耳边响着,这就是我终生寻找的女孩子。就是她。就是她。这个声音越来越响,他无法不听从这个声音。他走到这个女孩子跟前,跪下去,大声地问:"你愿意跟我结婚吗?"

女孩子惊讶地看着这个英俊的水兵,愣在那里,问:"什么?""你愿意跟我结婚吗?"这时人们都意识到戏剧性的事情在发生,酒吧里静下来了。托马森,那时他二十二岁,刚刚大学毕业,刚刚加入军队,跪在那里,再次重复:"你愿意跟我结婚吗?"那个女孩子一定困惑不已,不知道该怎样回答,就不由自主地回答说:"Yes."他们就这样结婚了,而且生儿育女,已经过了六十五年。

谁能说一眼就掉进去的爱情不可靠呢?"Love at the first sight",托马森教授给我讲这个故事——我猜他一定讲过这个故事上千遍了,眼睛中都是笑意,到现在他还为自己的成功得意呢。我听完了这个故事的那天,一天都挥不掉这个故事的浪漫情调覆盖在我头上的温暖。我不停地重复"Love at the first sight",把这个小句子重复来重复去,突然想,中文该怎样翻译呢?我想来想去,想不出来。后来我决定在网上查,一见钟情!原来是一见钟情!我使劲拍打自己的脑袋,怎么回事,我怎么会忘了中文呢?可见一见钟情在我的现实中多么微不足道,我从来没想过用这个词!

我常常听说爱情需要很多考验,要百炼才能成钢,才坚固。没有个两三年的考验,两个人不可能真正了解。所以一对人要认识个一两年以上,结婚才比较可靠。我一直是一个相信"常识"的人,对这些生活"常识"很少去想,被动接受的时候多。但最近我开始怀疑很多我们所谓的常识都是愚蠢的,是村妇愚夫的常识。

英国二战时的首相丘吉尔的母亲珍妮是一个非同寻常的女性，她1854年生在纽约最富有的家庭之一，父亲是金融家。珍妮十八九岁的时候已经是纽约上流社会著名的美人。据说她与其说是让人震惊的美丽，不如说有独特的"豹子"一样神情，特立独行，手腕上纹了一条蛇，是当时上流社会女孩子中唯一有纹身的，漂亮，独立，非常有诱惑力。二十岁那年她坐船到英国去玩，在船上遇见了比她大五岁的鲁道夫·丘吉尔勋爵。三天后他们下船时，已经订婚。这场婚姻把她带进英国上流社会，她成为英国贵族社会里最著名的女性之一，受到广泛的爱戴，连后来的爱德华三世都是她的好朋友，可能也是她的情人。

她非常爱自己的丈夫，支持和协助他的政治事业。因为她，他的政治生涯更为红火，鲁道夫·丘吉尔勋爵后来是英国的财政大臣。鲁道夫四十五岁因性病而卧床不起，珍妮一直在他跟前服侍，直到他去世。在这二十年婚姻里，她有无数个情人，但是却与丈夫生死相守着。她一生据说有二百多个情人，但是第一次婚姻的选择却是在二十岁时做出的。谁能说这个二十岁娇惯的骄奢淫逸的女孩子没做出最正确的婚姻决定呢？

林黛玉第一次见到贾宝玉的时候，大吃一惊，暗自思量："好生奇怪！倒像在哪里见过一般，何等眼熟到如此！"宝哥哥当然可以更为大胆，毫不隐讳，立刻直言："这个妹妹，我曾见过的。"众人皆笑，笑这小男孩的痴呆。贾母笑道："可又是胡说，你又何曾见过她？"宝玉则平平淡淡地回答，平淡到你不得不相信是真的："虽然未曾见过她，然我看着面善,心里就算是旧相识,今日只算作远别重逢,亦为不可。"这句话里有两个"算"字,表面上宝哥哥是同意大家了,特别是祖母,下意识里却已经认定这就是自己的另外一半儿了,是自己的"旧相识",是命运,是与自己的"远别重逢"。

这是中国最浪漫的爱情的故事,一见钟情。

比尔死了，没有人为他哭泣

比尔是我的房东唐纳德的弟弟。2003年5月15日我驱车从缅因州出发，第二天要到达葛底茨堡镇。房东不在家，要我与他的弟弟联系："比尔会在家门口等你，给你钥匙。"房东给我写了比尔的电话。我快开到之前，给比尔打电话。他说他十分钟内就会到房子那里见我。当我缓缓地驶进这个中上阶层住的街区，还没到房子前时，已经看到一个男人站在门口的一辆白色汽车前。我停下车，他走了过来，我们握手，自我介绍。他就是比尔，身材适中，不胖也不瘦，浓眉，棕绿色的眼睛，炯炯有神，一只突出的、挺拔的鼻子，穿着红色的T恤衫，牛仔裤，潇洒，平静，五十多岁的样子，我立刻喜欢他了。

我们说话，他给我看房子。我租整个楼上，共三间房子，加上卫生间等。房子很大，也很舒服。他带我看整个房子、花园，以及家里的名叫珍珠的狗。他对我说，这只狗自从另外一只狗死了后，患有忧郁症，现在每天靠吃抗忧郁症的药平静下来。我听了很惊奇，美国人患忧郁症的极多，我认识的很多人都靠药物平衡他们的日常生活，我的朋友们很多都有心理医疗师，这些是美国生活的一部分。可是我没想到狗也需要抗忧郁药平衡狗的平淡无聊的日子。我仔细地看那只流着口水的狗。它望着我，很平静，大概药物很管用。那天比尔帮我把车里的东西搬到房间里。我们说话聊天，一会儿就熟了。搬完东西，比尔就匆匆离开，上班去了。

比尔在一个天主教会主持的少年管教所工作。他每天晚上到那里去值班，管理那些不良少年。那些不良少年中有偷窃的、无家可归的等等被社会抛弃的男孩子们，他们犯了罪，但是也不够去监狱，就在管教所上学、劳动等等。比尔谈起那些少年，好像是谈起家里人，滔滔不绝的，很多时候我根本不知道他在谈论谁，因为我还在试图了解比尔和他的工作环境。比尔喜欢说话，非常幽默，他说话，我不停地笑，我说："比尔你应该是相声演员才对。"他自己也承认，他常常让别人大笑，虽然他不觉得自己说话有什么特殊的。

第二天我离开了，临行前把车钥匙给比尔，请他时不时开开我的车，免得一个夏天没人开车，车会打不起火来。回到西部，原来在宝盾学院的老师要我给他一本书，我只好打电话给比尔，要他帮忙打开我的箱子，找到那本书，寄出去。我很抱歉要比尔翻箱倒柜地找那本书，我根本不记得书在哪个纸箱子里。比尔似乎一点也不觉得麻烦，我后来想，大概他很享受打开我的箱子翻看我是不是有秘密的，可惜我几乎是一个没有秘密的人，因为我回来后发现我的所有的箱子都被打开了。我抿嘴笑。

　　三个月后我回来了，看到比尔已经把我的电视、DVD机等等都安装好了，而且还给我买了一个放电视的台桌。比尔说是在后院贱卖中买的。我的房间的灯光也安置得十分妥当。再看看我的汽车，比尔果然开过几次，不过总共没超过三英里。我看着这一切，很感动。比尔是一个热心的人，做事情也很认真。我第二天请比尔跟我一起到机场去还租的车，然后带我回来。比尔有些犹豫，但是他还是说没问题。所以第二天我们各自开车去机场。机场不过三十多英里，比尔担心我找不到路，还给我画了地图，其实我们就是前后脚地开车。把车还了，我坐比尔的车回来。比尔开的是一辆奔驰豪华车，不过是八十年代的，显得好像文物。一路上，比尔滔滔不绝告诉我他是怎样买这辆车的。比尔有两辆车，一辆是上班用的，一辆是心爱的。上班的是日本的小车，心爱的是这辆老车。比尔喜欢看老车展览。他还喜欢音响，音乐，自己弹吉他，还在一个乐队里演奏。他请我什么时候去看他演出。

　　我们在车里谈话，谈及到飞机场来，比尔说这是他这三四年来走得最远的地方。我大吃一惊："最远？三十多英里？"是，比尔说，他从来不出离镇五六英里的距离。"为什么？""因为我有恐惧症。我恐惧距离和外面的世界。"我惊奇极了,不明白,眼睛都瞪大了:"你恐惧什么呢?""我也不知道。你看,我不是一个正常的人,我从小就有恐惧症。我恐惧人。"比尔的坦白让我惊得差点没从椅子上跳起来:"恐惧人?""对,我有三年多时间连我的房间都不出。我躲在房间里,不敢出来,饭都是我的父母给我端进来。后来,霍普金斯大学医学院研究出一种新药,他们问我是否愿意试验新药。我决定试。结果这种药对我很好,我可以走出房间了,但是我还是从不走出街区。"比尔谈自己的心理健康,好像很正常。我却惊呆在那里,不知该怎样反应好。我没有想到健谈幽默的比尔会有这种恐惧自闭症。比尔和唐兄弟两个人,唐是学校的尖子,什么都好,上大学做教授,结婚生孩子等等,后来才离婚,公开自己的同性恋身份。比尔是弟弟,没上大学,很多年没有工作,生病等等。听比尔谈哥哥和自己,我好像听一本小说,兄弟两个人好像是两极。

比尔还带着我熟悉小镇,告诉我银行、邮局的位置和怎样抄近路去那些地方。我请他去镇上的小餐馆吃饭。吃饭的时候,我发现比尔其实是不怎么吃饭的人。他对肥胖有恐惧症,生怕自己会发胖,所以吃得极少,到了病态的地步。我猜这也是这哥俩的不同造成的。唐是一个肥胖的人,至少有三百磅。比尔害怕成为跟哥哥一样的胖子,于是就不吃不喝。比尔不喝酒,没有女朋友,也没有结过婚。唐很严肃,很学者;比尔很幽默,俏皮。唐和同性恋伴侣一起生活,比尔一个人住在不远的移动房子里。他们之间唯一共同的是对珍珠的热爱。比尔谈起珍珠，好像谈论自己深爱的孩子。唐不在的时候，比尔每天来到这里，坐在珍珠旁边，跟珍珠说话，能说半个多小时。我看着，都觉得奇怪，人怎么能跟狗说那么多话？

渐渐地我看出比尔的孤独来。比尔是孤独的，没有什么朋友，自己却对世界什么都有兴趣。比尔有一天对我说，他觉得人生最让人吃惊的是生命。"你看过生命是怎样在母腹里孕育的电影吗？"因为比尔没有结过婚，也没有女朋友，听比尔问我这个问题，我有点不知所措，坦白地告诉他我没看过这个电影。过了一天，比尔又来的时候，就给我带来了一个录像带，是关于怀孕的过程的。这个纪录片很有名，我听说过，看过后还给了比尔。比尔兴奋地问我的观感，我却不愿多谈。比尔滔滔不绝，对母体内婴儿的成长过程惊异不已。

一次比尔邀请我去看他演出。我接受了邀请，可是那天星期四，我临时有什么事，没去成。比尔很遗憾，详细地告诉我他们都唱了什么歌曲。我对美国的流行歌曲一窍不通，点着头，礼貌着，其实不知道比尔喜欢的音乐是什么。比尔邀请我到他家看他的音响，说我们可以一起在他的家里看音乐片《芝加哥》。他的音响比电影院的还好。我还是没去。比尔一个人，总是有时间，我却有时间也不想再看一次看过的电影。不过我终于还是去比尔的家了。

那是因为比尔买了一台电脑。买之前他就跟我唠叨，不知买什么牌子的好。我说就买戴尔吧，名牌，我用的就是戴尔。比尔买电脑没有钱，找哥哥唐借钱。唐不高兴，也向我唠叨。我说，比尔没有事情干，电脑也许对他有好处。我想比尔孤独，上网可能会交到网上的朋友，就力主唐借钱给比尔。唐对我说，比尔挣的钱，根本不够他花的，唐时时都要接济他。不管怎么样，比尔买了电脑，不是戴尔，而是当时最贵的一种电脑。他有了电脑，不懂得网络是怎么回事，我所以去他家，教他怎样上网，怎样申请电子信箱等等。

比尔的家在一个有三五十栋移动房子的移动房子园里头。美国住移动房子的人，往往都是穷人。移动房子一般有一两个卧室，厨房起居室等也一应俱全，方便也方便，一栋一栋的，列成一排一排的。比尔的音响果然不同寻常，起居室就像是音响的电子车间，巨大的音响喇叭都是落地式的。电视很大，非常先进。难怪唐抱怨比尔挣钱不多，装备不少呢。我帮比尔设定了电子信箱后就回家了。显然比尔对网络着了迷，再见到比尔他就开始滔滔不绝地谈网络了。他已经入门了，什么都看。我理解量比尔对网络的新奇，无底洞般的阅读量让比尔很少出现在哥哥家了。

一天比尔对我说，他知道我在西部的家每日的天气。他说，你们家镇上的中学里有一个卫星摄像镜头，正好可以看你家附近的天气，可惜你家的院子我看不到。我听了很奇怪，他干吗对我家的天气这么感兴趣。后来一想，比尔认识的人不多，我算一个朋友。虽然离葛底茨堡三千英里，他看我家的每日天气，奇怪是奇怪，但是，也随他去吧。比尔则自封了一个工作，那就是常常早上跑来，把我丈夫住的那个俄勒冈州小镇的天气告诉我。我听了，谢谢他，体验他的怪癖。

一天比尔在唐不在家的时候，带来了一个小男孩。比尔早就告诉过我，他参加了一个名叫"大哥哥"的组织。这是美国很有名的组织，专门安排那些自愿参与的男人与中小学生中的男孩子组成一对一的"大哥哥小弟弟"，"大哥哥"要教"小弟弟"怎样做一个男人，怎样参加体育活动等等，是一个基督教会的组织。那天，比尔带来的就是他的"小弟弟"。这个小弟弟有十一二岁，我下楼来跟这个孩子说话，发现这个孩子精神完全不正常。这个孩子对我说："比尔是傻帽，你知道吗？"我说："这样评论别人是不礼貌的。你是一个孩子，不应该这样说话。"他看了看我："比尔就是傻帽，我就愿意这样说。"我第一次见到这个孩子，不想惹他，就转变话题，问他学校的事情："你在学校里有好朋友吗？""我才不要朋友呢，他们都是傻帽。"这个十一二岁的脸色苍白的小男孩说："我对我的同学说我总有一天要把纽约的自由女神像炸掉，他们都不理我。"我惊得不相信自己的耳朵，"你说什么？你要炸自由女神像？为什么？""为什么？"他抬眼看看我，好像觉得我也是傻帽，"自由女神像是法国人给的。法国人都是傻帽。我恨法国人。"我不解："你为什么恨法国人？""法国人不支持我们打伊拉克。我们应该先打法国，再打伊拉克。"我极度惊异一个小男孩会有这种对法国的仇恨。

那个时候，伊拉克战争刚开始不久，法国因为反对侵略伊拉克，美国到处都是仇恨法国的疯狂，比如把法式土豆条改成"自由土豆条"，把法国酒倒在下水道里等等之类的。不过面对一个说话都恶狠的小男孩，我还是震惊得不知该怎样对待这个男孩子。我严肃地说："任何人都不该炸任何地方，有问题，有不同意见，可以讨论，但是爆炸不是解决问题的方法。"这个男孩子不屑一顾地看着我，不说话。比尔听到我们的话，过来说："这个孩子说话没有边际，睿你别在意。"我对比尔说，"这个孩子说的话很可怕。你是'大哥哥'，得教育他。"比尔对我说："他和他母亲一起生活。他父亲去伊拉克打仗了，所以他支持战争。"男孩子跑到外面玩的时候，比尔压低声音给我介绍："这个孩子在学校里专门穿纳粹的服装，吓唬其他同学。他在家里专门玩打枪。"我一听极为严肃地说："比尔你需要向他的学校反映这个孩子的情况。他将来就会是一个恐怖分子。"比尔点头。他们走的时候，那个男孩子特地到楼上来，向我告别，很有礼貌了。比尔对我说："别告诉我哥哥唐我带这个孩子来过。他不愿意我加入'大哥哥'组织。"我点头。我本来也不会对唐说这些事情。

时光过得太快。一年过去了，唐卖掉了房子，搬到加拿大和他的伴侣刚尼一起生活。我搬到葛底茨堡学院旁边的一个三层楼的阁楼去了。我们都说好了要多来往，但是每个人都有自己的生活，这一年我只给比尔打了一次电话。思彬来的时候，比尔和我们一起吃了一次晚饭。我常想要给比尔打电话，却总是没打。

2005年的10月的一天，我在办公室接到唐打来的电话，在电话里，唐说："睿，你一定听说了比尔的事情。"我完全不知道，问："什么事情？"唐在电话里说："比尔死了。"我手中的电话差点没掉下来，

"怎么回事?"唐说:"你看看前天的报纸就知道了。我和刚尼来这里处理比尔的后事。你后天晚上过来,我们会有一个很小的纪念仪式。"放下电话我就往图书馆跑,去看当地的报纸。看周末的报纸头条,我吓得都说不出话来。巨大的图片,图片上警察全副武装,解说词说,比尔与警察对抗了一天,警察要捉拿他,最后他自毙,当晚死在医院里。我仔细读这份报纸,原来那天警察拿着搜查证要搜查比尔的家,比尔不让警察进来,警察只好调动了特殊武装力量,包围了比尔的家,与比尔对抗了一天。比尔手里有两支枪,他发誓要与警察交火,虽然最后他并没有打枪,但是他开枪自杀了。

警察之所以要搜查比尔的家,是因为比尔在网上买了儿童色情出版物。那个卖儿童色情出版物的人,实际上是警察装的,专门在网上寻找引钓那些对儿童进行色情犯罪的成人。我读了报纸,愣愣地,怎么也不相信比尔是一个恋童癖色情罪犯。我联想到"大哥哥"活动,难怪唐不要比尔加入这类组织。我见到唐的时候,唐说:"比尔以前为此进过监狱。警察包围他的时候,他给我打电话,我和刚尼在电话上劝他劝了好几个小时,都没有用。他是不想再进监狱了。从早上十点一直到晚上五点多钟,他最后才开枪自杀。"唐叙述的时候,没有什么感情。我听了,却惊心动魄。原来如此!原来他为此还进过监狱!我突然想,都是电脑的过错!都是我的错!如果比尔没有电脑,他也不会上这种网站。如果我不支持他买电脑,可能他就不买电脑。如果比尔不懂得网络,他也不会在网上购买这些东西。

美国对儿童色情犯罪判处得非常严格，比尔一定是觉得走投无路了。可是我也知道，自己这样的逻辑完全不通。比尔的问题，并不是电脑。

比尔就这样死了，五十七岁。我们这些认识他的人给他开了一个很小的纪念会。会上从个人角度发言怀念比尔的人只有两个，两个比尔的朋友，原来比尔一生只有这两个朋友。一个是比尔常常对我谈到的女性朋友辛蒂，她和比尔认识的时间比我跟比尔认识的要长得多。另一个人就是我，我是另外一个对比尔了解得比较多的人。比尔与哥哥关系不密切，唐似乎对比尔没有什么可回忆的，或者他不愿意公开怀念比尔。其他的人，就是比尔乐队的人，也都不太了解比尔。他们说比尔是一个孤僻的人，他们都没有什么故事可讲。只有我讲了很多具体的故事，怎样帮助我的故事，讲了我和比尔的很多谈话。那个晚上，好像只有我的发言最长。我发完了言，辛蒂走过来握住我的手，说："常常听到比尔谈起你。从比尔那里，我已经知道你了。"我握着辛蒂的手，一个工人阶级的中年女性，大概有五十多岁的样子，我们这两个本来素不相识的人，握手，一起怀念比尔。

在会上，比尔的哥哥唐只说了一句话："对人的性倾向，我们能知道什么？"我感到唐的话中的困惑和沉重。比尔一生没有过女朋友，没有过男朋友，没有结过婚，没有跟成年人有过性经验。他大概只跟男孩子有过性经验，为此进过监狱，并死于因为购买儿童色情录像带所引起的连串反应。这样的几个字，能总结比尔的一生吗？

在这个物质丰富的社会里,比尔是一个无足轻重的人,一个完全活在边缘的人,一个孤独的人,一个活着或死了都不对任何人构成影响的人。他死了,没有一个人为他哭泣。我看着纪念会上摆放的照片,比尔穿着红毛衣,蓝牛仔裤,笑容中有一种无法描述的天真。

洋子的勇气

日本留学生洋子在我刚来美国时跟我合租一套两个卧室的公寓。我们天天住在一起,成了好朋友。洋子比我小两岁,长得非常漂亮,一双大大的黑眼睛,明亮得我常常惊叹:"洋子,你这么漂亮,怎么没嫁呢?"洋子大眼睛看着我,充满笑意,但佯装叹气:"是呀,不想嫁。女人一生非嫁不可吗?"

洋子和男朋友一起生活了十几年,想读书,就离开了日本,来读亚洲研究了。男朋友希望洋子离开前结婚,因为他是家传的某个大公司的负责人,家里希望他们结婚。洋子没答应,孤身来美国求学了。在日本的时候,洋子是某个大商场化妆品部的负责人,工作很优越。洋子的父亲,我后来见到了,也拥有好几个公司,来美国看望洋子时,带我们所有的人去吃寿司。洋子把男朋友、工作、富有的家都放在身后,就为了到美国学习"韩侨在日本的生活状态",这是她的硕士论文题目。她立志为受歧视的韩侨说话。

报纸上报道日本皇室的事情。我对洋子报告这条新闻,洋子说:"皇室?谁在乎他们?我认为日本根本就不该有皇室。这种浪费纳税人钱的摆设,与老百姓有什么关系?"我听了都愣住了。没想到一个日本女性以如此鄙夷的态度谈论日本的皇室。

后来我的家人来了,洋子搬走了。洋子拿到硕士学位后,又转学去了华盛顿大学读博士了。为了洋子的走,我还在我家为她开了晚会。1998年我回国工作了九个月,没有跟洋子联系。这是我这个人的弱点,我常常由于自己独处而更不愿和人说话。而那年夏天洋子去韩国学韩语,我们就失去了联系。1999年6月我回到美国后,突然收到洋子的信,告诉我说,她病得厉害。我大吃一惊,从来没想到过看起来健康活跃的洋子生病了。这时洋子才告诉我,她多年前乳腺癌切除了双乳,她是乳腺癌的幸存者。到韩国后,身体不舒服,匆忙回到日本,一检查,癌症已经扩散到全身了。医生说她只能活三个月了。

乳腺癌的幸存者!癌症复发!我听了这个消息如炸雷轰顶,立刻给洋子打电话、写信。洋子回信告诉我新的消息。她结婚了,嫁给马克了。马克我是认识的,以前在一块开过晚会。他是一个嬉皮士,长发披肩,一只眼睛斜视,胡子拉碴,不修边幅,衣衫破烂,在某个只做无农药食品的餐馆当厨子。我简直不能相信,生活好像比小说还戏剧化。怎么洋子就突然嫁了?洋子说,她病的时候,只有马克飞到日本去看她,马克愿意照顾她,坚持要跟她结婚,带她回美国来治病。而且,马克不信西医,只信草药,认为西医治不了的,草药肯定能治。所以,洋子就跟他结了婚,回到美国,现在他们住在西雅图。马克在西雅图的华盛顿大学食堂工作,养活洋子。洋子相信马克的建议,根本不用西药,而用草药和食疗。她只吃生的青菜,把生青菜搅成汁儿喝,不吃任何肉和油。她还喝很多草药配制的药汤。她已经活得超过了三个月。

  1999年的夏天,我请洋子和马克过来雨津玩。他们来到我家时,我的一个前学生也正好从华盛顿过来看我,结果我家里不够地儿,洋子在我家只住了一晚,就搬到别人家了。马克在当地有的是朋友,俄勒冈的雨津以嬉皮士众多著称。我觉得很对不起洋子,他们走的时候送他们到火车站,把我从云南丽江带回来的一个萨满用的器具给了他们,希望神灵保佑他们。洋子就靠草药和生青菜活着,继续她的博士学位学习,同时还担当华盛顿大学日语教学的助教。2004年春,她写信给我说她要在亚洲年会上参与一个讨论小组,问我是否去亚洲年会。那年我正好没去参加会议,失去了听洋子文章的机会,不过我写信向她表示祝贺,我真心地为她骄傲。在医生宣布她活不过三个月后,她回到美国,继续学习,靠吃生青菜,一直不懈地努力着，不仅活着，而且工作着，一直到今天，已经七年过去了。

洋子是一个有勇气的人，这种勇气是罕见的。我常常想，洋子的勇气是我认识的、接触的、倾慕的日本的一部分。

幸福（happy，happiness）

美国生活中用得最多的字之一，是"happy"，中文直接翻译成幸福。可其实不只是幸福，好像一切快乐和满足都是这个 happy 的一部分。

我第一次对运用这个词感到吃惊是十多年前，我刚来美国，买了一个录音机，结果过了几天我不想要了，就去退。去退的路上，我想了好几条理由，说明我为什么要退。到了商店，我说要退，售货员连问也不问，就退了。我第一次知道在美国买了东西去退，是不要理由的。我问我的朋友，她说："当然不要理由，商店希望让你 happy。"我一愣，竟从来没想过商店是为我的"幸福"存在的。

后来发现这个词可以说是使用率非常高。我的朋友不想做理疗师,她说,"做那个工作,我不再 happy 了。"就把工作辞了,写小说去了。我找工作,朋友们问的第一个问题几乎都是:"你觉得你会对那个工作感到 happy 吗?"我最好的朋友得到了一个教书的工作,在中西部。她没接受那个工作,她说:"我觉得在那样的地理环境里,我可能不会 happy,所以就没去。"我今年换了新工作,心里很打鼓。家人、朋友都异口同声地劝我:"你先去,如果你不 happy,今秋再找新工作,有什么了不起?哪里有怕成像你这样做噩梦的?"我却不知道怎样回答他们。因为我的心中还有别的价值,比如工资、工作量等等,happy 仍然不是我第一考虑因素。

我渐渐地意识到,happy 是这里生活的几乎唯一标准。如果你 happy,就继续照这个样子活,如果你不 happy,就改变。获得 happy,或者保持 happy,就成为生活的目标。在这样 happy 是一切的文化里,生活的意义到底是什么呢?是 happy 吗?

我成长在一个把个人的幸福看作不重要的时代。我成长的时代,个人这个词本身都似乎是贬义的,我们把国家、社会、甚至全人类的"解放"都看得比个人重要。对美国把个人的 happy 作为生活的根本价值,我有一个适应和接受过程。可是,我有时也对这种价值感到怀疑。

电影《美国帝国的没落》,讲的就是对这个价值的怀疑。影片中的主人公之一,历史学教授在她的新著中指出,我们生活的这个把 happy 当成衡量标准的时代是一个社会瓦解崩溃的时代。历史上,当罗马人把追逐个人幸福当成最终目标时,罗马也就衰落了。而今日,我们生活在美国帝国衰落的时代。影片非常出色,是 1987 年拍的。2004 年,影片的续集《野蛮者入侵》获奥斯卡最佳外语片奖,十七年后这些主人公的生活是对上个影片的问题的回答。

从报刊上看到,最近英国两党(工党和保守党)似乎一致同意要把英国建成"幸福国家",政府将拨资金建立各种"幸福项目",帮助人们生活得幸福。这些项目的总名称是"promoting well-being"(提升幸福)。这种政府提倡的幸福项目,大张旗鼓地宣布,生活的目的就是幸福。他们主张减少工作时间,与家人相聚更多时间,更多度假等等,总之,要创造一切条件使每个人幸福。

我看了这些新闻,更糊涂了,到底什么是幸福呢?幸福就是不工作还有很多钱去度假吗?幸福就是妻儿缠绕,丰盛的晚餐和共同看电视吗?我真是不明白了。我所生活的这个社会,处处讲 happy,可是,到底什么是 happy?

图书在版编目（CIP）数据

假装浪漫 / 沈睿著. — 修订本. —上海：文汇出版社，2016.6
 ISBN 978-7-5496-1490-5

Ⅰ.①假… Ⅱ.①沈… Ⅲ.①随笔-作品集-中国-当代 Ⅳ.①I267.1

中国版本图书馆CIP数据核字（2016）第051760号

假装浪漫（修订版）

作　　　者 /	沈　睿
责任编辑 /	何　璟
装帧设计 /	王　翔
出版发行 /	文汇出版社
	上海市威海路755号
	（邮政编码200041）
经　　　销 /	全国新华书店
排　　　版 /	南京展望文化发展有限公司
印刷装订 /	江苏省启东市人民印刷有限公司
版　　　次 /	2016年6月第1版
印　　　次 /	2016年6月第1次印刷
开　　　本 /	890×1240　1/32
字　　　数 /	200千字
印　　　张 /	10.5

ISBN 978-7-5496-1490-5
定　　价 / 38.00元